黄博 / 梁爱琴 著

抖音电商

实战攻略

直播、短视频、爆品

底层逻辑

北京大学出版社
PEKING UNIVERSITY PRESS

内 容 简 介

本书结合作者多年的电商与抖音短视频运营经验,总结了抖音电商变现的"六脉神剑",为读者详细解读了抖音电商变现的底层逻辑和实战技巧。

本书内容丰富,全面实用,全书共分为9章。第1章带领读者认识抖音电商,第2章介绍了抖音电商的变现模式,第3章讲解了抖音电商FACT模型,第4章讲解了爆品实战聚星塔模型,第5章讲解了打造个性化IP标签,第6章讲解了创作有趣、有价值的内容,第7章讲解了抖音电商的商品策划与视觉设计,第8章讲解了抖音电商的粉丝运营与私域变现,第9章分享了3个成功的抖音电商案例。

本书对抖音电商的变现逻辑和运营方法进行了深入剖析,能够为各位抖音电商运营者提供很好的经验。本书非常适合已经入局或即将入局抖音电商赛道的商家,同时也适合拥有一定粉丝基础的抖音达人阅读。

图书在版编目(CIP)数据

抖音电商实战攻略:直播、短视频、爆品底层逻辑 / 黄博,梁爱琴著. — 北京:北京大学出版社,2023.9

ISBN 978-7-301-34255-8

Ⅰ.①抖… Ⅱ.①黄… ②梁… Ⅲ.①网络营销 Ⅳ.①F713.365.2

中国国家版本馆CIP数据核字(2023)第137951号

书　　　名	抖音电商实战攻略:直播、短视频、爆品底层逻辑 DOUYIN DIANSHANG SHIZHAN GONGLUE: ZHIBO、DUANSHIPIN、BAOPIN DICENG LUOJI
著作责任者	黄　博　梁爱琴　著
责任编辑	刘　云　刘羽昭
标准书号	ISBN 978-7-301-34255-8
出版发行	北京大学出版社
地　　　址	北京市海淀区成府路205号　100871
网　　　址	http://www.pup.cn　新浪微博:@北京大学出版社
电子邮箱	编辑部 pup7@pup.cn　总编室 zpup@pup.cn
电　　　话	邮购部 010-62752015　发行部 010-62750672　编辑部 010-62570390
印　刷　者	北京鑫海金澳胶印有限公司
经　销　者	新华书店
	720毫米×1020毫米　16开本　14.75印张　257千字
	2023年9月第1版　2023年11月第2次印刷
印　　　数	3001-6000册
定　　　价	69.00元

未经许可,不得以任何方式复制或抄袭本书之部分或全部内容。
版权所有,侵权必究
举报电话:010-62752024　电子邮箱:fd@pup.cn
图书如有印装质量问题,请与出版部联系,电话:010-62756370

前言

随着5G时代的到来，移动互联网用户的触媒习惯将逐渐从图文转向短视频和直播，消费者将更习惯从短视频和直播中获取信息。新的内容形式带来了新的消费需求，推动了以抖音为代表的各类内容平台成为电商运营的主阵地。

抖音官方公布的数据显示，截至2023年1月，抖音用户数量为8.09亿。随着抖音用户数量的不断增长，抖音电商的商品交易总额（GMV）也在迅速攀升。2023年5月16日，抖音电商在广州举办了第三届生态大会，据抖音电商总裁透露，过去一年，抖音电商GMV同比增长80%。与传统电商和线下购物等渠道相比，抖音电商通过推荐技术，把优质的商品内容与海量兴趣用户连接起来，为抖音用户的消费带来了新体验与新需求，进而创造了全新的增量市场。

2021年4月，在首届抖音电商生态大会上，抖音官方将抖音电商定义为"兴趣电商"，即一种基于人们对美好生活的向往，并满足用户潜在购物兴趣，提升消费者生活品质的电商。抖音电商以短视频和直播等准确、生动、真实的内容推荐方式，让用户在"逛"的同时，也可以发现优价好物，激发消费兴趣，一方面可以触发数亿用户的海量消费需求，另一方面可以压缩转化路径，在同一场景下实现用户从认知、兴趣到购买、复购的高效转化与沉淀。

2022年5月，在第二届抖音电商生态大会上，抖音电商官方宣布将"兴趣电商"全面升级为满足用户美好生活多元需求的"全域兴趣电商"。在"全域兴趣电商"阶段，商家的经营场域从原先以短视频、直播为核心的内容场，延伸到以搜索、商城、店铺共同构成的中心场，以及加深"品销协同"的营销场。由此，抖音电商打通了"货找人"与"人找货"的双重消费路径。

抖音电商成为行业热点以后，大量用户通过"短视频+直播"的推荐方式，发现并购买心仪商品；大量商家通过"商品+内容"的营销方式，让自己的品牌、商品被用户知晓并购买；大量明星、达人投入进来，成为电商主播，通过自身的影响力、专业度、责任心为粉丝精挑细选并推荐万千好物。但抖音电商不能只图一时热闹，抖音电商运营更不会一蹴而就，抖音电商运营者们不仅要掌握抖音电商变现的底层逻辑，还要拥有实战的经验和技巧，才能在抖音电商的"流量战场"上取得绝对的胜利。

本书秉持理论与实践相结合的理念，首先为读者深入剖析了抖音电商变现的底层逻辑；然后为读者详细讲解了抖音电商变现的方法论，包括FACT模型、爆品实战聚星塔模型、打造个性化IP标签、创作有趣、有价值的内容、商品策划与视觉设计、粉丝运营与私域变现六大抖音电商变现的关键内容；最后为读者分享了3个经典的抖音电商变现案例。本书内容全面而又不乏深度，具有较强的专业性和实战性。希望读者能够通过本书建立对抖音电商商业体系的认知，快速掌握抖音电商的变现"密码"。

由于编者能力有限，且短视频和电商行业均处于大变革时代，书中难免会有不足或不妥之处，敬请各位读者批评指正。

温馨提示：本书附赠抖音电商相关学习资源，请读者扫描下方二维码关注微信公众号，输入本书77页的资源下载码，获取下载地址及密码。

博雅读书社

目录

第1章 认识抖音电商 …… 001
  1.1 什么是抖音电商 …… 002
  1.2 抖音电商的特征 …… 019

第2章 抖音电商的变现模式 …… 027
  2.1 品牌变现 …… 028
  2.2 流量变现 …… 038
  2.3 销售变现 …… 046
  2.4 粉丝变现 …… 059
  2.5 抖音电商变现的"六脉神剑" …… 064

第3章 六脉神剑第一剑：抖音电商FACT模型 …… 071
  3.1 FACT 背后的兴趣电商模式 …… 072
  3.2 兴趣电商带来的新机遇与新增长 …… 073
  3.3 FACT 的雪球增长模式 …… 074
  3.4 如何布局 FACT 经营阵地 …… 082
  3.5 如何组建抖音电商团队 …… 091

第4章 六脉神剑第二剑：爆品实战聚星塔模型 …… 095
  4.1 月销千万的行业爆品案例 …… 096
  4.2 聚星塔的爆品9步法 …… 097

第5章 六脉神剑第三剑：打造个性化IP标签　　118

5.1　认识 IP　　119

5.2　如何塑造 IP 标签　　127

5.3　如何打造 IP　　131

5.4　抖音电商的"人设"塑造　　135

第6章 六脉神剑第四剑：创作有趣、有价值的内容　　139

6.1　抖音电商内容的三大特征　　140

6.2　抖音电商内容的 4 种形式　　144

6.3　抖音电商优质内容关键要素　　156

6.4　抖音电商内容策划　　160

第7章 六脉神剑第五剑：商品策划与视觉设计　　165

7.1　抖音电商的选品规则　　166

7.2　抖音电商商品经营的 4 个阶段　　169

7.3　抖音直播间的货品经营要点　　178

7.4　抖音直播间的场景布置　　182

第8章 六脉神剑第六剑：粉丝运营与私域变现　　189

8.1　抖音电商为什么要进行粉丝私域运营　　190

8.2　抖音电商粉丝私域运营的步骤　　195

8.3　抖音电商私域运营案例分享　　209

第9章 抖音电商实战案例详解　　213

9.1　白家阿宽如何霸屏抖音类目 No.1　　214

9.2　雪花秀的三大策略助力品牌销售过亿　　221

9.3　远明酱酒的抖音电商变现秘籍　　224

第1章
认识抖音电商

随着移动互联网时代的到来，互联网用户的触媒习惯逐渐从图文转向短视频和直播。新的内容形式也带来了新的消费需求，如今越来越多的消费者开始通过短视频和直播获取商品信息，购买商品，为线上、线下的商家提供了一种全新的商业模式。许多商家纷纷利用短视频或直播进行卖货、引流、运营和变现。

视频内容的加持可以为电商商家带来可观的流量和销量，实现销售额的快速增长。抖音作为当今现象级的流量平台，也在积极布局电商业务，希望能在视频内容电商领域开辟一片新天地。

1.1 什么是抖音电商

在新消费需求的刺激下,以抖音为代表的各类内容平台逐渐成为电商运营的主要阵地。抖音平台通过丰富的内容生态,配合成熟的内容推荐技术,使商品内容与海量潜在的兴趣用户互相连接,从而创造全新的增量市场,开辟出一条崭新的"兴趣电商"赛道。

抖音电商通过"兴趣推荐+海量转化"这一模式,将用户、达人、商家紧密连接在一起,以短视频和直播等内容推荐方式,让用户在"逛"的同时,可以发现优价好物,激发消费兴趣,从而实现用户的高效转化和沉淀。

1.1.1 抖音电商的前世今生

2020年,抖音电商成为行业热点,大量抖音用户通过"短视频+直播"的内容推荐方式,发现并购买自己心仪的商品;而商家则通过"商品+内容"的营销方式将自己的品牌和商品推荐给更多消费者;同时,还有很多明星、达人纷纷投入直播带货的行列中,成为电商主播,为粉丝精挑细选并推荐各种值得购买的好物。

目前,我国互联网已经步入成熟阶段,用户数量的整体增长速度放缓。但与此同时,短视频/直播平台用户数量仍然保持快速增长。以抖音平台为例,截至2020年8月,抖音的日活跃用户数量高达6亿,且其基础用户数量非常庞大。此外,线上零售市场的发展势头也很强劲,2020年全球线上零售市场规模增长了27.6%,线上零售占社会消费总额的比重越来越大,说明电商市场的需求在不断增加。

短视频/直播平台用户数量的增长和电商市场需求的增加,也带动了直播电商的快速发展,直播电商由此成为消费增长的新引擎。直播电商以视觉化商品内容为核心,向具有潜在需求的人群推荐他们感兴趣的商品内容,激发他们对商品的兴趣,促使他们产生购买行为。与传统电商相比,直播电商的诞生使消费者的购买路径发生了变化,从以前的"人找货"变成"货找人",如图1-1所示。

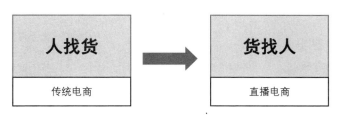

图1-1 传统电商与直播电商的区别

2020年,抖音平台的电商业务发展速度惊人。2021年1月,抖音电商的商品交易总额(GMV)同期增长了50倍,一条全新的线上零售赛道已经初具规模。抖音电商生态正在快速成长,《2021年抖音电商生态发展报告》中提出"没有难卖的优价好物,让美好生活触手可及"这一经营愿景,由此开启了"兴趣电商"的新时代。2022年5月,在第二届抖音电商生态大会上,抖音电商官方宣布将"兴趣电商"全面升级为满足用户美好生活多元需求的"全域兴趣电商"。抖音电商的发展路径如图1-2所示。

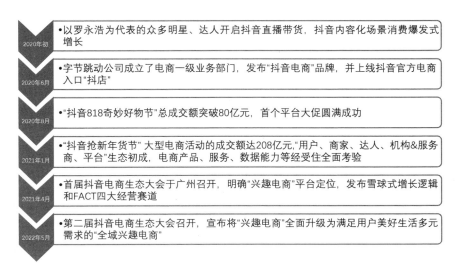

图1-2 抖音电商的发展路径

1.1.2 抖音电商的购物逻辑

抖音电商属于"兴趣电商",也就是通过推荐技术激发用户潜在兴趣的发现式电商消费模式。抖音电商的经营逻辑是通过推荐技术,把优质的商品内容与海量兴趣用户连接起来,从而激发用户消费的新需求,为商家带来生意增量,如图1-3所示。

图1-3 抖音电商的经营逻辑

兴趣电商之所以能够为商家带来生意增量，是因为成功激发了用户的消费兴趣，让潜在需求得以释放，如图1-4所示。

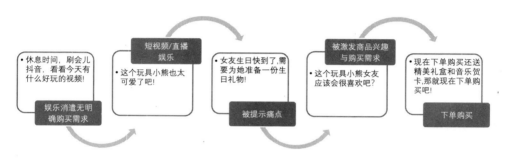

图1-4 抖音电商的购物逻辑

在抖音电商的运营过程中，商家和达人会将商品的使用场景融入优质内容中，使用户被内容激发兴趣，从而对商品内容产生持续关注，用户在发现了自己的潜在需求后，就会直接下单购买商品。通过图1-4也可以看出，在最初观看短视频或直播时，用户并没有明确的购买需求，但用户对商品的需求却是潜在的，因此商家需要通过对商品内容的展示，有效激发用户的这部分潜在需求，使他们对商品产生购买兴趣。

1.1.3 抖音电商的十大关键词

抖音电商改变了消费者的购买方式和路径，通过商品内容激发用户消费兴趣，为消费者创造了新的消费动机，也为商家带来了新的生意增量。抖音电商俨然已经成为当下最火爆的电商经营方式，下面我们就来看看围绕抖音电商而产生的十大关键词都有哪些。

1. 抖店：商家在抖音电商的生意经营场

抖店是电商商家在抖音平台上实现一站式经营的平台，它能为商家提供全链路的电商服务，以帮助商家在抖音平台上长效经营、高效交易，从而实现生意的新增长。抖店的首页如图 1-5 所示。

图1-5 抖店的首页

抖店成立的初衷在于为消费者分享优价好物，为商家提供多元电商服务。所以，抖店的定位和特色主要是一站式经营、多渠道拓展、双路径带货和开放式服务，如图 1-6 所示。

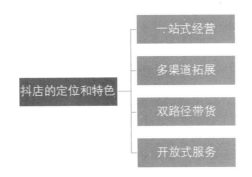

图1-6 抖店的定位和特色

（1）一站式经营

抖店为入驻抖音平台的商家提供了包含内容、数据、服务全方位的抖店产品，帮助商家进行商品交易、店铺管理、客户服务等全链路的生意经营。

（2）多渠道拓展

开通抖店后，商家可以在抖音、今日头条、西瓜视频、抖音火山版等渠道进行商品分享，实现商品渠道快速互通及流量覆盖与变现。

（3）双路径带货

抖店上的商品销售模式分为商家自营和达人带货两种。商家自营是指商家通过自营方式在抖音平台上销售商品，商家可以通过短视频、直播等方式来为自己的店铺带货。达人带货是指商家申请加入精选联盟，邀请平台达人帮忙带货。

（4）开放式服务

抖店与第三方服务市场合作，在商品管理、订单管理、营销管理、客服等方面为商家提供全方位的服务，助力商家提升经营效率。

抖店主要能够为商家提供四大方面的电商服务，包括售前准备、带货推广、售后服务和服务市场，如表1-1所示。

表1-1 抖店的四大电商服务项目

项目	具体内容
售前准备	（1）将抖店账号与抖音账号绑定后，可对账号的内容板块和电商板块进行统一的管理； （2）通过商品管理实现商品的上下架及橱窗页设置； （3）通过店铺装修优化消费者"逛店"体验； （4）运用营销工具设置多样化的营销玩法，如优惠券、满减、限时活动、定时开售等
带货推广	商家可以通过抖店进行短视频带货和直播带货；同时通过订单管理完成发货履约；并且在后台可看到所有商品的销售数据
售后服务	（1）通过售后工作台实时处理售后问题，提升消费者售后服务体验； （2）通过"售后小助手"创建自动化售后策略工具； （3）通过"飞鸽"工具实现客服与消费者的实时沟通； （4）通过店铺服务分析数据看板了解店铺服务水平，有针对性地提升服务质量
服务市场	为满足商家的多元需求并提供更多高效运营工具，抖店为商家开放"服务市场"，助力商家与更多服务商合作，定制个性化服务，提升经营效率

2. 巨量百应：为高效人货撮合提供一站式服务

巨量百应（Buy in），即抖音带货 MCN 机构（抖音服务商），是抖音集团旗下基于短视频/直播内容分享商品场景，汇聚并连接各达人、商家、机构服务商的综合商品分享管理平台，旨在为开展商品分享的达人、商家、机构服务商等合作方提供更完善的综合管理服务。巨量百应的首页如图 1-7 所示。

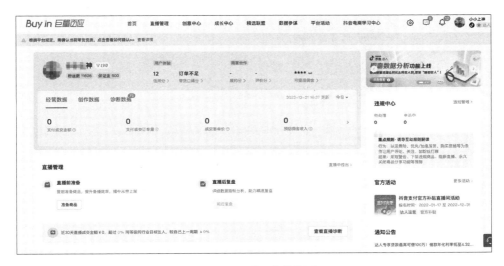

图 1-7 巨量百应的首页

巨量百应后台具有机构旗下达人管理、推广商品管理、招募计划活动管理、地址管理等功能，这些功能能够有效帮助抖店商家提升短视频带货和直播带货的效率。巨量百应抖音带货 MCN 的优势主要体现在以下方面。

（1）拥有面向所有达人的结算功能，抖音达人带货的佣金统一结算给机构，然后再自主分配给达人；达人带淘宝、京东、洋码头等平台商品的佣金将会结算到机构。

（2）拥有独立管理后台，可以绑定达人主播，也可以绑定商家，统一管理抖音短视频、抖音直播、抖音橱窗及抖音小店等带货数据。

（3）大量的流量扶持，完成月度任务可获得 DOU+ 流量扶持、冷启动保量扶持等。

（4）优先拥有参加官方特色活动的机会，获得海量流量曝光。

（5）对短视频、直播运营能力没有太大的要求，且平台不抽取佣金，达人和机构帮商家带货可以得到全额收益。

目前，抖音巨量百应平台支持5类用户登录使用，如图1-8所示。

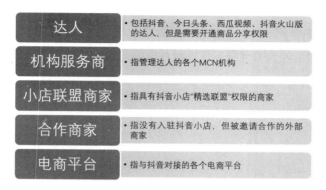

图1-8　抖音巨量百应平台的用户

 提示　机构服务商、合作商家和电商平台需收到内部发送的邀请码后，才能登录使用抖音巨量百应平台。

3. 巨量千川：实现一体化的电商广告投放与整合营销

巨量千川是抖音平台专门为抖店商家搭建的广告电商一体化平台，该平台整合了抖音平台旗下多个营销推广工具和功能，能够为商家和创作者提供抖音电商一体化营销解决方案。巨量千川的首页如图1-9所示。

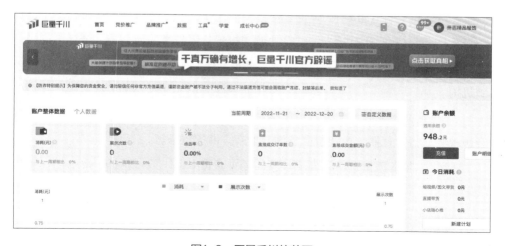

图1-9　巨量千川的首页

> **提示**　巨量千川融合了原抖音平台上巨量引擎（巨量鲁班账号+AD账号）和DOU+两大投放场景，一体化、一站式满足商家多个平台的营销推广需求。在以往的营销环节里，巨量鲁班账号只能做商品推广，AD账号只能做抖音号推广，DOU+账号只能用来支持短视频/直播间的加热，现在只需要一个巨量千川账号就能针对抖音电商开展全面的营销推广。简单来说，巨量千川=DOU+账号+巨量鲁班账号+AD账号+直播带货+短视频带货+各种电商广告环节。

巨量千川支持短视频、直播等多种带货方式，同时支持移动端和PC端双端投放。巨量千川平台目前共有3个版本：移动端的小店随心推、PC端的极速推广和专业推广，如图1-10所示。

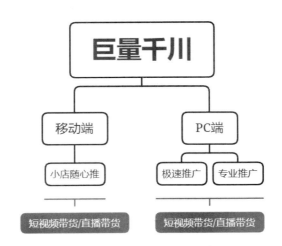

图1-10　巨量千川的3个版本

巨量千川3个版本的特点各有不同，3个版本具体的差异对比如表1-2所示。

表1-2　巨量千川3个版本的差异对比

版本	使用终端	推广形式		适用目标
		短视频	直播	
小店随心推	移动端	支持推广预算、推广时长、人群定向基础设置	支持推广预算、直播间优化目标、人群定向基础设置	可实时观测投放效果，适用于有轻量级投放需求的小店商家、达人等

续表

版本	使用终端	推广形式		适用目标
		短视频	直播	
极速推广	PC端	主要添加商品、视频，设置预算和出价等关键要素即可完成广告投放	主要设置预算和出价等关键要素，人群定向等可由系统智能推荐	该版本门槛低，且智能高效，适用于缺少投放经验的新手
专业推广	PC端	支持客户进行进阶投放及创意设置	支持自定义设置投放速度、更精准的人群定向等要素	该版本专业、操作感更强，适用于具备一定投放经验的投手，或者有精准定向需求的直播团队

想要开通巨量千川很简单，如果开通了抖音小店，在店铺正常营业状态下，即可通过抖店后台进入巨量千川平台，直接开通巨量千川账号进行广告投放。如果没有开通抖音小店或商品橱窗功能，需要在巨量百应后台或抖音App的小店随心推中完成实名认证及个人资质认证审核，通过后即可开通巨量千川账号进行广告投放。

4. 抖音电商罗盘：数据融合为多角色提供综合经营诊断

抖音电商罗盘是抖音平台为帮助商家有效经营抖店而搭建的数据融合平台，该平台能够为商家、达人和机构提供数据诊断，帮助商家通过数据分析来指导抖店的经营决策。抖音电商罗盘PC端的操作入口为"抖店商家后台"→"数据"，移动端的操作入口为"抖店App"→"数据中心"。抖音电商罗盘的首页如图1-11所示。

抖音电商罗盘的数据分析范围覆盖了直播、短视频、商品卡、搜索、商城、交易、商品、人群、服务、物流、达人和营销等店铺经营的方方面面。

以"直播"模块为例，该模块为商家提供了基于时间变化的精细化直播数据，使商家能够更好地分析直播效果，为下一轮升级打下坚实基础。"直播"模块中的"直播列表"页面如图1-12所示。

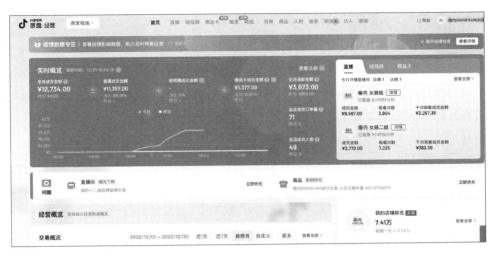

图1-11 抖音电商罗盘的首页

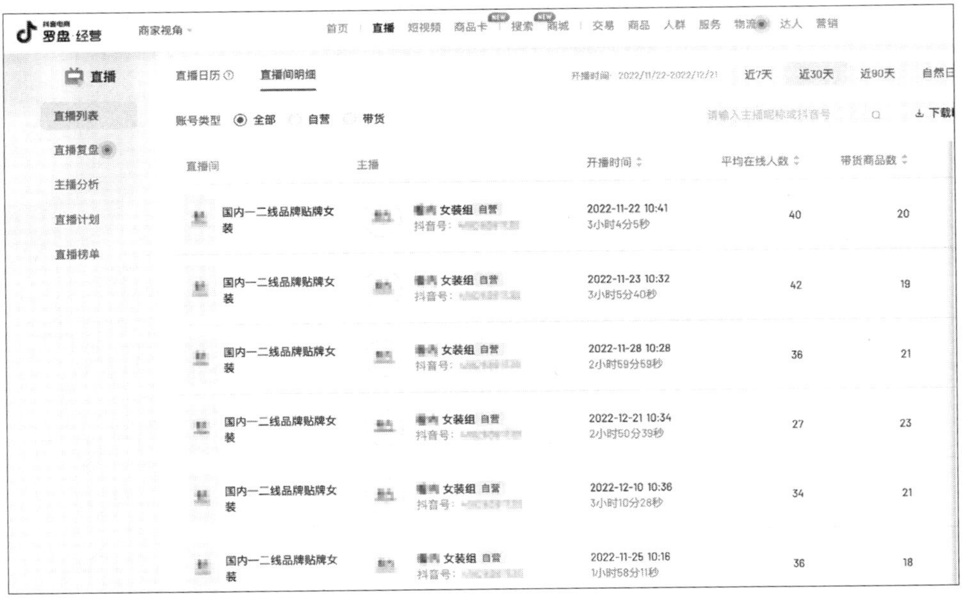

图1-12 抖音电商罗盘"直播"模块中的"直播列表"页面

通过直播分析，商家可以掌握流量结构和转化率的动态情况，测评本场直播的投放效率和撬动自然流量的能力。结合用户画像，商家能够对本场直播的高转化率人群有一个清晰的认识，以便为下一次的直播内容和投放做好准备。

此外，通过商品分析，商家可以了解针对不同人群的高转化商品有哪些特征，从而为实现"千人千面"的商品配置进行铺垫。

5. 自播：品牌自己的直播卖货阵地

自播（Field）是抖音平台提出的"FACT四大经营赛道"之一，是指商家使用自己的品牌或店铺账号在自己的直播间进行的持续直播带货行为。自播可以由商家自己培养的主播（或服务商孵化）进行直播，也可以由垂直类达人在商家的直播间配合进行直播，甚至可以由品牌的管理层参与出镜。例如，某品牌旗舰店正在抖音直播间进行自播，如图1-13所示。

图1-13 自播

自播是商家最基础的经营阵地，通过自播商家能够直接与消费者接触，从而为店铺带来稳定的客流和销量，实现店铺的长效经营。商家自播的优势主要有两点：一是内容可控，在商家自播中，商家对于品牌形象、货品选择、优惠力度、直播话术等关键运营节点拥有很强的把控力；二是成本可控，通过长时间的积累，商家自播的产出稳定，运营成本相对可控。同时，自播所积累的人气，会沉淀到商家自身的账号上，从而将公域流量转变为商家的私域流量，实现人群资产的持续积累。

6. 达播：达人帮助品牌直播

达播即达人直播，也就是达人通过自己的账号进行直播带货。直播带货日渐火爆，许多商家为了快速入场，不仅利用店铺和品牌积极进行自播，还会与有一定粉丝基础的达人合作，借助达人资源，快速在抖音平台上建立起品牌的知名度和销售业绩。例如，某达人直播间中主播正在介绍某品牌的一款零食商品，如图1-14所示。

抖音电商最大的特点是以内容为核心，不断促使商家和达人进行创新。商家自播虽然能为店铺带来一波稳定的流量，但千篇一律的直播风格和内容，难免会使观看直播的粉丝产生视觉疲劳，从而导致粉丝的大量流失。达播具有流量资源整合的优势，可以通过不同的达人效应，进行直播风格和模式的创新，从而丰富直播内容、营造直播间氛围，以其强曝光能力为品牌店铺沉淀粉丝，实现销售额的爆发式增长，帮助商家突破自播的流量增长瓶颈。

图1-14 达人直播

7. 精选联盟：撮合商品和达人的CPS平台

精选联盟是抖音电商平台用于撮合商品和达人的CPS（Cost Per Sales，按销售付费）双边平台。精选联盟一边连接商家，另一边连接达人，意在为商家和带货达人提供合作机会，帮助商家进行商品推广，帮助带货达人赚取佣金。

符合平台入驻要求的商家可以在精选联盟平台添加需要推广的商品，并设置佣金；而带货达人在线选择推广商品，制作商品分享视频，产生订单后，平台按期与商家或达人结算。

抖音小店商家可通过抖店后台自主入驻精选联盟，不过要入驻精选联盟，商家需要满足以下两个条件。

· 商家体验分≥4分。

· 关闭精选联盟权限次数＜3次。

商家开通精选联盟的方法很简单，商家满足入驻条件后，只需进入抖店后台，依次单击"营销中心"→"精选联盟"→"开通联盟"选项，单击"开通精选联盟权限"页面中的"立即开通"按钮，即可开通精选联盟，如图1-15所示。

图1-15 开通精选联盟

如果商家体验分＜3.5分或违反精选联盟平台管理规则，达到清退或终止合作标准的，平台将关闭商家精选联盟使用权限。被关闭精选联盟使用权限的商家，已通过短视频或直播推广的商品也会被解绑。每个商家仅有3次开通精选联盟的机会，如果被平台关闭了3次精选联盟使用权限，该商家将永久不可申请开通精选联盟。所以，商家如果想要利用精选联盟平台推广商品，一定要严格遵守抖音小店规则及精选联盟平台的管理规则。

为提高商家与达人的合作效率，精选联盟平台推出了普通计划、定向计划、专属计划、招募计划、鹊桥计划联盟工具供商家使用，如图1-16所示。不同的计划拥有不同的使用场景和功能，商家可根据自己的实际情况选择合适的精选联盟计划与达人进行合作。

8. 商品橱窗：开通商品分享功能

商品橱窗是抖音平台为抖音商家提供的集中展示商品的地方，也是商家和达人进行商品分享和商品管理的重要功能。无论是通过短视频销售商品，还是通过直播销售商品，都需要从商品橱窗中添加商品。因此，如果想要在抖音平台售卖商品，就必须开通商品橱窗功能。

图1-16 精选联盟中的不同计划

商品橱窗功能开通以后，账号主页中会出现商品橱窗入口，如图 1-17 所示；点击进入后即可看到该账号的推荐商品，如图 1-18 所示。在商品橱窗界面，用户既可以查看商品来源和详情，也可以直接下单购买商品。

图1-17 商品橱窗入口

图1-18 商品橱窗界面

商品橱窗也是抖音购物车的重要组成部分，开通商品橱窗功能以后，就可以在短视频作品或直播间中插入商品链接了，即抖音购物车，如图1-19所示。

如果用户对短视频作品或直播间中推荐的商品感兴趣，就可以直接点击"购物车"按钮跳转至商品购买界面进行购买。用户也可以通过"购物车"按钮，进入商品橱窗界面或抖音小店，挑选其他商品。

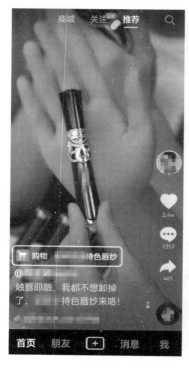 

图1-19　短视频作品和直播间中的购物车

9. 星图计划：抖音的官方推广任务接单平台

星图全称"巨量星图"，是抖音的官方推广任务接单平台，该平台主要为品牌主、MCN公司及短视频创作者提供广告任务服务并从中收取分成或附加费用。星图平台具有订单接收、签约达人管理、项目汇总、数据查看等多个功能，可以有效连接广告主与视频达人，不仅可以帮助广告主投放广告，还可以帮助抖音达人在星图平台上接广告获得商业变现。

根据星图官方数据显示，目前入驻星图平台的达人数量超过82万人，注册客户数超过 118 万人，如图 1-20 所示。

10. 短视频带货：通过发布短视频挂商品橱窗实现成交

抖音电商的带货模式主要有两种：一种是短视频带货，另一种是直播带货。其中，短视频带货是抖音流量变现的基础模式，也就是拍摄商品短视频，通过短视频向用户种草，吸引用户购买短视频中展示的商品。

抖音平台上，很多热门短视频的创作者都会在自己的短视频作品中挂出商品链接，用户观看短视频时如果对短视频中的商品感兴趣，就可以直接点击短视频中的"小黄车"商品链接，跳转到相应的商品界面购买商品，如图 1-21 所示。

图1-20　星图官方数据

 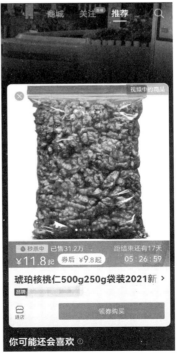

图1-21　抖音短视频中的商品链接

> **提示** 在实际的抖音电商运营中，很多商家会将短视频带货与直播带货相结合，最大限度地实现抖音平台的流量变现。利用抖音带货的商家，需要先开通抖音小店和商品橱窗功能，然后拍摄带货短视频向用户种草，最后将用户引流至直播间完成销售转化。

1.1.4 抖音电商的机会与未来规模

2021年抖音平台继续加速电商建设，随着抖音商城搜索入口的开放、巨量鲁班的普及及巨量千川的测试投放，抖音电商的竞争格局也在逐渐发生变化。下面我们就从抖音电商的发展现状出发，来预测抖音电商未来的发展趋势。

1. 企业品牌直播超越达人直播带货

近年来，随着越来越多的企业和品牌入驻抖音平台，企业品牌直播迅速崛起，达人直播所带来的流量缓慢下滑。因此，巨量引擎专门针对企业提出"4321"计划：即40%的流量通过企业直播获取；30%的流量通过底部主播获取；20%的流量通过抖音活动获取；10%的流量通过头部主播获取，如图1-22所示。

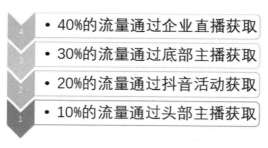

图1-22 "4321"计划

2021年7月27日，抖音平台在私域新引擎·2021企业号产品发布会上，首次提出以强获客、正循环、高效率为特征的"抖音私域"概念，并正式发布了抖音企业号2.0版本，开始力推企业直播，意在帮助企业实现以粉丝为核心的私域经营。与此同时，抖音平台的达人流量开始下滑，多个百万级粉丝量的达人号停播，而企业号的入驻企业数则不断增加。根据抖音企业号的数据显示，截至2022年1月，入驻抖音企业号的企业数量已经达到1000万家，"抖音私域"正在成为企业生意增长的新引擎。

2. 内容+社交+电商生态闭环持续优化

随着越来越多的电商商家将自己的电商业务从淘宝、京东等传统电商流量平台转向抖音、快手等站外新流量平台，抖音平台迎来了打造电商商业闭环的最佳时机。如今，抖音平台打造的"内容+社交+电商"生态闭环已经逐渐完成，如图1-23所示。内容流量、社交流量、电商流量纷纷汇聚于抖音平台上，助力抖音平台在短视频、直播、搜索、垂直行业（如本地生活）等场景中实现商业化。

图1-23　抖音电商生态闭环

3. 抖音成为新品牌与新单品孵化器

随着抖音电商的逐渐成熟，抖音平台建立起了一套日渐完善的营销活动体系，也加大了对国货品牌、新锐品牌的扶持力度。如今，很多新品牌都将抖音作为其新单品的首发平台，抖音平台上更是涌现出了一大波网红商品，如网红零食、网红拖鞋、网红牙膏等。

抖音平台还专门推出了"抖品牌专项扶持计划"，其目标是帮助100个新品牌在抖音平台实现销售额过亿。针对具有发展潜力的新消费品牌，抖音平台将从平台大促、主题活动、官方直播、行业活动、行业IP及资源和权益等方面入手进行扶持。抖音平台希望通过"抖品牌专项扶持计划"，将平台打造成为新消费品牌的成长基地。

1.2　抖音电商的特征

抖音电商是以内容为中心的兴趣电商，这一独特定位让很多商家发现了"兴趣电商"这条充满无限潜力的新赛道。下面分别从消费、活动、获客、购物和差异5个方面讲解抖音电商的特征。

1.2.1　消费：从消费商品到消费精神与兴趣

抖音电商是一种兴趣电商，是基于人们对美好生活的向往，并满足用户潜在购物兴趣，提升消费者生活品质的电商。兴趣电商可以利用短视频和直播将商品信息融入真实、生动的内容场景中，将商品的使用场景具象化，这样可以极大地提升商品信息的丰富程度，使商品卖点和品牌故事得到更充分的展示，从而最大限度地激发用户的消费兴趣，获取他们的信任，并在同一场景下实现"品销合一"的营销目的。

兴趣电商的核心是主动帮助用户发现他们的潜在需求。例如，不知道今天要做什么菜，打开抖音即可找到很多教做菜的短视频作品，如图1-24所示。又如，出门旅行不知道怎么收纳物品，打开抖音即可看到很多讲解旅行收纳的小知识、推荐好用的收纳小物件的短视频作品，如图1-25所示。

图1-24 教做菜的短视频作品

图1-25 讲解旅行收纳的短视频作品

当社会发展到一定阶段时，消费者对"购物"的理解和需求也随之发生了变化。购物不再只是为了生活所需而去购买一件冷冰冰的商品，而是被赋予了情绪情感、精神愉悦等更多层次的需求。另外，随着各领域的飞速发展，产品更新换代极快，各种"黑科技"层出不穷，普通消费者有可能会跟不上产品更替的节奏，这就需要更专业的人来为他们推荐有用的商品，告诉他们"原来生活/工作还可以这样"。兴趣电商主动挖掘出消费者的潜在需求，并利用短视频、直播等承载形式将商品呈现给消费者，以此满足消费者的兴趣和潜在需求。

1.2.2 活动：从促销成交到引爆话题热点

抖音平台是一个内容平台，卖货的手段和方法自然有别于传统的电商平台。抖音电商的一个显著特征就是不单单是依靠促销活动来带动销量，而更多的是依靠话题热点来吸引消费者的关注，从而带动商品的销量。抖音电商营销要想引爆话题热点，吸引更多消费者的关注，就需要掌握以下几个商品营销策略。

1. 直接展示商品

如果商家销售的商品功能新颖、用法神奇，就可以直接通过短视频作品进行展示。例如，抖音上有一款很火的"网红火锅神器"，该商品是一个煮火锅用的锅，具有一键升降功能，可以自动将煮好的食物隔开，如图1-26所示。这类商品本身就具有很强的话题性，再加上精心策划的视频脚本和文案，一条短视频就有可能成就一个爆款商品。

2. 放大商品优势

除了直接展示商品，商家也可以抓住商品的几个独有特征，用夸张的方式进行呈现，放大商品的亮点，便于受众记忆，从而引爆话题热度。例如，某菜刀商品的短视频作品中，为了突出菜刀质地坚硬、经久耐用的卖点，专门展示了用菜刀砍钢管的画面，使不少观看者印象深刻，如图1-27所示。

图1-26 某网红火锅神器的短视频作品

图1-27 某菜刀商品的短视频作品

3. 引起用户好奇

人都有跟风和模仿心理，利用用户的猎奇心理和参与感进行商品营销也是一种不错的营销手段。从最早在抖音上火起来的西安特色摔碗酒，到近期比较热门的围炉煮茶、围炉冰茶等，都抓住了年轻消费群体的猎奇心理，以及爱挑战、爱DIY的特点，从而引发用户的参与和互动，让品牌或商品得到快速传播。

例如，抖音平台上有很多关于海底捞"超好吃蘸料"搭配方法的短视频作品，这类短视频作品就是利用用户的猎奇心理，增加用户参与感，从而达到品牌营销的目的，如图 1-28 所示。这种短视频作品呈现出来的内容新奇有趣，参与门槛又很低，自然有很多观看短视频作品的用户愿意去尝试。

图1-28 引起用户好奇的短视频作品

4. 商品植入场景

商品植入场景就是利用短视频作品中呈现的场景进行恰当的品牌露出，从而让用户记住商品。很多剧情类短视频作品中，创作者都会在视频场景中悄悄做一些商品或品牌植入，如在桌子上放某品牌的商品、视频中人物的衣服上印有明显的品牌Logo、在视频中能听到某品牌的广告声音等，这样能起到很好的宣传效果。例如，某剧情类短视频作品中，植入了某品牌的一款蛋糕商品，如图1-29所示。

5. 短视频造口碑

短视频带货除了能提高商品的销量，还能为商家带来良好的口碑。通过短视频呈现好口碑的方法主要是在短视频作品中展示一些订单截图、消费者的好评、消费者使用商品后的笑脸等内容。例如，某短视频作品中推荐了一家人气很高的糕点铺，创作者直接在短视频中展示了很多消费者的微信点单截图，以此来证明消费者对该店铺的认可，如图1-30所示。

图1-29　短视频作品中的商品植入

图1-30　某短视频作品中展示的消费者微信点单截图

1.2.3　获客：从流量为王到粉丝为王

不少电商商家都明白一个道理——哪里有流量，哪里就有生意。抖音短视频平台凭借其自带的娱乐属性及流量优势，当仁不让地成为电商新的营销风口。但随着越来越多的商家入驻抖音平台，抖音平台的流量竞争也必将加剧。为了最大限度地实现流量的价值,提高流量的转化率,不管是平台还是商家都将运营的重点从单纯的流量获取转向了粉丝运营。

粉丝运营的内容包括如何吸引粉丝、维护粉丝及与粉丝之间的情感互动。根据短视频的粉丝特性及价值,可将粉丝群体分为以下3种类型,对于不同类型的粉丝群体,运营方式也有所不同。

1. 像"追星"一样的"品牌粉"

有一类粉丝对短视频在情感上有较强的依赖感和归属感,他们会像"追星"一样特别关注某一短视频账号,我们一般将这类粉丝归类为"品牌粉"。这类粉丝的价值非常高,因为他们对账号具有很高的忠诚度和黏性。

很多人"追星"关注的重点可能不是某个演员的作品或某个歌手的歌曲,而是演员或歌手本人。"品牌粉"也是如此,他们关注的重点并不是某一短视频内容,而是账号的调性和互动方式。因为短视频账号的整体调性和定位在一定程度上也是主播人格魅力的折射。

如果想要吸引这类粉丝的关注,商家就必须有自己鲜明的账号设定和特点。另外,要想留住"品牌粉",商家就需要加强粉丝对短视频品牌的参与度。具体的执行方法可以像明星粉丝后援会一样,建立社群及沟通机制,多与粉丝进行交流,强化粉丝对账号的情感,为粉丝提供有效的反馈渠道。

"品牌粉"的运营要尤其注重互动,可以邀请他们参与到短视频的选题、创意、文案当中,提升他们的参与度和被重视感,从而增强粉丝黏性。

2. 把短视频当做兴趣窗口的"内容粉"

除了"品牌粉",还有大量追"内容"的粉丝,这类粉丝是被短视频内容所吸引,从而产生关注行为的,因此被称为"内容粉"。这类粉丝也是短视频输出的主要粉丝群体,他们更注重从短视频中获取有价值的内容。

不同的粉丝对短视频内容的诉求也不同,商家针对"内容粉"进行运营时,需要通过引导来帮助这部分粉丝形成短视频使用习惯,并深入挖掘他们对短视频内容的需求。要想吸引"内容粉"关注账号,商家要有稳定且持续输出UGC(用户原创内容）的能力和资源，还要形成流程化的内容生产机制，这样才能更好地留住粉丝。

3. 还在观望的"路人粉"

在短视频平台上，还有一类粉丝即不追"星"，也不追"内容"，我们称这类粉丝为"路人粉"。"路人粉"一般分为两种：一种是通过某一个爆款视频（这个视频刚好满足了他们的某一项需求）而产生关注行为的粉丝；另一种是通过某种线上活动引导关注的粉丝。

"路人粉"带有一定的偶然性，相比前两种粉丝，他们更容易流失。想要吸引这类粉丝，商家需要不断地摸索，通过观察粉丝互动区的互动情况来筛选目标用户，提升视频质量，从而留住这些"路人粉"。

1.2.4 购物：从搜索式购物到发现式购物

抖音电商即兴趣电商，属于发现式电商消费模式。在传统电商模式下，消费者需要通过关键词搜索的方式来获取商品信息；但在兴趣电商模式下，消费者通过浏览短视频内容或观看直播，就可以更准确地匹配相关商品信息。不仅降低了信息门槛，也节省了消费者在海量信息里搜寻的时间。

在传统电商中，大多数消费者购物是具有明确需求的。固定的线上购物习惯是：先产生明确需求，然后到电商平台上主动搜索商品，接着在货架式场景下选择信任的商品和商家，最后下单成交。因此，传统电商中典型的消费者路径是"需求→搜索→购买"，如图1-31所示。

图1-31 传统电商中典型的消费者路径

兴趣电商是通过内容激发消费兴趣的。在兴趣电商模式下，商家和达人会将商品的使用场景融入优质的内容中，激发用户的消费兴趣，促使用户发现自己的潜在购物需求，从而下单购买商品。因此，兴趣电商中典型的消费者路径是"兴趣→需求→购买"，如图1-32所示。

图1-32 兴趣电商中典型的消费者路径

兴趣电商通过推荐技术将商品内容与兴趣用户进行匹配，从而形成发现式消费，这是一个"货找人"的过程，如图1-33所示。

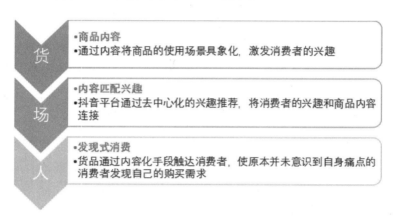

图1-33 发现式电商消费模式

1.2.5 差异：抖音电商与平台电商的区别

如果商家想从平台电商转战抖音电商，并非简单地将货品搬到抖音平台上销售就可以了，还需要全面了解抖音电商与平台电商的差异。平台电商是指以淘宝、京东为主的传统电商平台，这类电商与以抖音平台为主的兴趣电商相比存在很大的区别，主要体现在人货关系、宣传重点、流量成本和用户类型4个方面，如表1-3所示。

表1-3 平台电商与抖音电商的差异

项目	平台电商	抖音电商
人货关系	人找货	货找人
宣传重点	强调商品的功能性	强调内容的趣味性
流量成本	流量成本较高	流量成本较低
用户类型	有明确购物意向的用户	没有明确购物意向的用户

第2章
抖音电商的变现模式

任何缺乏商业价值的运营都是空谈，商家入局抖音电商的根本目的就是借助抖音平台强大的流量优势实现商业变现。在抖音平台上，变现的方式五花八门，但随着平台对电商业务的不断拓展，以及越来越多的商家在抖音平台上开店，电商变现已经成为抖音平台上最主要的变现方式之一。抖音电商的变现模式主要可以细分为品牌变现、流量变现、带货变现和粉丝变现4大类。商家要想通过抖音电商获得盈利，就需要了解这些抖音电商的变现模式，掌握抖音电商变现的具体方法。

2.1 品牌变现

所谓"有流量的地方就有营销",抖音平台凭借其强大的流量优势,吸引了大批优质品牌商纷纷入驻,试水抖音营销。目前,在品牌营销领域,相较微博、微信公众号等品牌营销渠道,抖音平台的品牌营销仍然属于一片蓝海。品牌商可以抓住抖音平台的品牌增粉红利期,通过投开屏和信息流广告、发起挑战、开设品牌抖音号等形式,在抖音平台上进行品牌营销。

2.1.1 如何通过内容营销提升品牌知名度

有的品牌在做抖音品牌营销的时候能够成功脱颖而出,成为大众认可的品牌,品牌营销额也随之增长了不少,但是有的品牌在做品牌营销的时候却发现效果差强人意。要想通过内容营销提升品牌知名度可以从以下3个方面入手。

1. 打造自媒体阵地运营粉丝

抖音平台是当下最受大众喜爱的自媒体平台之一,近年来有许多人通过抖音平台实现了财富自由。那么,作为品牌商应当如何打造一个高流量的抖音自媒体账号呢?第一,需要做好账号定位;第二,需要完成账号搭建;第三,还要保证账号的内容质量。

(1)账号定位

如果抖音账号的定位清晰、准确,就能最大限度地加深抖音用户对该账号的印象,对商家后期进行精准化电商运营来说,是非常有帮助的。所以,打造抖音账号的第一步就是做好账号定位,明确账号的内容方向,并根据该方向来进行后续的内容创作。例如,某抖音账号的定位是手机摄影构图类账号,所以该账号发布的短视频内容都与手机摄影构图相关。

目前,抖音平台上的短视频内容丰富多元,短视频的类型也呈现出多样化。所以,抖音电商运营者必须做好账号定位,使自己的账号内容具有特色,这样才能获得更多粉丝的青睐。要想做好账号定位,关键在于为账号确定一个个独特的内容场景,然后再从内容场景入手去发掘可能令用户感兴趣的内容选题。确定短视频的内容场景和进行账号的内容定位,需要通过7个步骤来完成,如图2-1所示。

第 2 章 抖音电商的变现模式 — 029

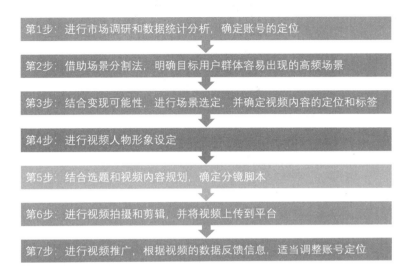

图2-1 内容定位的7个步骤

 在上述 7 个步骤中，场景分割法是确定内容场景的关键。场景分割法就是让运营者围绕目标用户群体进行思维发散，思考目标用户可能所处的场景，以及他们身边可能发生的事件，然后找到那些出现频次较高的内容场景，并围绕这个场景去做视频的内容规划。

（2）账号搭建

明确账号定位以后，接下来运营者就需要创建一个抖音账号,对账号进行认证，然后还需要设置账号的基本信息，如名字、头像、简介等。这些创建账号的基本操作和设置，将会直接影响用户对账号的关注度及粉丝的转化率。

①账号名字

账号名字从一定程度上来说，是一个账号身份的象征，因为很多用户仅仅通过一个账号名字就可以大致知道该账号的内容。例如，下面两个抖音账号仅从账号名字就可以看出属于测评类账号，其传播的内容主要是商品测评和商品推荐，如图 2-2 所示。

图2-2 测评类账号的名字示例

②账号头像

账号头像是用户识别账号的一个重要因素，它比账号中的文字信息具有更强的视觉冲击力，用户往往能通过账号头像更快地识别和记忆账号。账号头像要结合账号的内容风格来确定，且要求图像清晰美观。

对于品牌账号，一般建议使用品牌Logo做头像，这样可以更好地向用户明确地传达账号运营的方向，有助于强化品牌形象。例如，抖音账号"小米官方旗舰店"是小米的官方账号，直接用小米的品牌Logo做头像，辨识度极高，很好地加深了用户对小米的品牌印象，如图2-3所示。

图2-3 Logo头像

③账号简介

账号简介能够让用户清晰地了解账号的特色、作品风格及价值意义。所以，账号简介不仅是账号身份定位的关键要素，还具有很高的营销价值。账号简介一般内容简短，通常都是用一句话来介绍账号的运营身份、运营领域和运营理念等。

（3）保证账号的内容质量

账号内容一定要保证高质量，与其单纯地追求作品数量，不如花心思打磨一个高质量作品，更有利于提升品牌的知名度。要保证账号的内容质量需要注意以下几点。

①内容垂直且有价值

运营者发布的账号内容一定要垂直，不能发布与账号定位无关的作品。垂直度高的内容有利于得到平台精准的推荐，从而吸引更多的精准粉丝。另外，发布的短视频内容还要能够满足用户的某种需求，这样才能更好地吸引用户的关注。

②短视频封面带标题

提升账号吸引力的根本是内容，而短视频的封面和标题则可以让用户快速了解短视频的内容。如果没有标题，用户就需要点开短视频，才能知道短视频的内容，很多用户没有这个耐心。所以，直接在短视频的封面中加入标题，用户不用点开短视频，就能对短视频内容有所了解，快速判断该内容自己是否感兴趣，从而有效地提升用户的关注度。

③坚持日常的更新

只有源源不断地输出新内容，保持账号的活跃度，让用户觉得账号可以提供价值，才更容易获得用户的关注。

2. 打造热门话题与粉丝、达人互动

随着越来越多的品牌入驻抖音电商，用户的关注点开始分散，如何与用户建立深度沟通、产生有效连接、提高商品的转化率，成为品牌迫切需要解决的问题。

抖音平台推出的"话题挑战赛"，是不少品牌商家进行内容营销的利器，可以有效促进品牌与粉丝、达人的互动。品牌商家可以借助"抖音热榜"，获取平台热点，从而打造具有吸引力的热门话题，参加"话题挑战赛"，增加品牌的曝光度。

"抖音热榜"，顾名思义，就是根据实时热度对抖音平台的内容信息进行排名展示的榜单。该版块位于抖音搜索界面中"猜你想搜"版块的下方，如果用户对某一热榜上的内容信息感兴趣，就可以点击该内容信息，查看相关内容，如图2-4所示。

图2-4 "抖音热榜"版块

品牌在进行营销推广时，如果只是单纯地将营销信息传递给用户是不够的，运营者还需要通过互动引导，抓住共同的利益点，打造"触电"，使用户与自己的抖音账号和作品之间能够产生更强的联系，甚至是直接购买商品。因此，运营者可以使用创意贴纸、挂件和扫一扫等抖音互动工具，来增强抖音账号和作品的互动性。

3. 在抖音与KOL深入合作

很多品牌入局抖音电商以后，都会选择与头部的KOL、达人合作，进行短视频推广及直播带货，通过这些KOL的影响力为品牌背书。

例如，抖音平台上某化妆品品牌邀请了多位测评博主为自家产品进行营销推广,如图 2-5 所示。对于这些测评博主来说,他们会以更挑剔的目光、更专业的产品测评手段,去多维度审视产品的品质情况。只有产品品质过硬的品牌才能入得了他们的"法眼",产品品质不过关的品牌找他们做推广,几乎等于"上门自曝"。敢主动找测评博主合作,足以看出品牌对自家产品品质的自信。

图2-5 某化妆品品牌与测评博主进行合作

该化妆品品牌与抖音平台上一位粉丝数过千万的测评博主更是达成了深度合作。这位测评博主不仅为该品牌的产品录制短视频做推广,并且他的商品橱窗中大部分产品都来自该品牌。根据相关数据显示,该品牌产品的销售达人中,这位测评博主占销售总额的93.07%。同时,在这位测评博主的直播间,该品牌产品也是其固定的选品。

2.1.2 如何塑造行业超级IP为企业代言

现在拥有数十万甚至数百万粉丝的抖音企业号(蓝V账号)不在少数,很多企业此前在新媒体领域中,都拥有非常丰富的运营经验,可以帮助他们更好地理解抖音电商的运营特点，从而更快地迭代和调整自己的运营策略。

1. 无论大小企业都要在抖音打造蓝 V

抖音平台虽然流量庞大，但尚未形成固定的流量格局，这相当于为各个品牌在短视频营销上重新设置了起跑线，无论是知名品牌还是中小企业，都有在抖音平台上占据一席之地的机会。

大企业和知名品牌的蓝 V 账号用户基数本身就很大，再加上优质短视频内容的加持，成为爆款账号是一件很容易的事。例如，某知名餐饮企业的抖音蓝 V 账号发布的每一条短视频作品，都能引发大量用户的关注和评论，再加上这些短视频作品具备用户记忆点突出、参与成本低等特点，很容易在抖音平台上形成 UGC 传播，如图 2-6 所示。

图2-6　某知名餐饮企业的抖音蓝V账号主页及部分短视频作品

提示

> UGC 传播是指用户生产原创内容进行传播，也就是品牌做了一件事，然后用户根据这件事来生产内容，间接地帮助品牌传播。

虽然中小企业本身的用户数量不及大企业，但中小企业通常具有经营策略灵活、转型快、执行力强等特点。因此，中小企业往往更容易抓住市场上的"新风口"。而且，抖音平台的独特算法推荐模式，在一定程度上也缩小了中小企业与大企业在内容制作能力和制作预算方面的差距。

例如，抖音平台某舞蹈培训机构的蓝 V 账号粉丝数高达 304.5 万，获赞 1173.4 万，是名副其实的蓝 V 大号，如图 2-7 所示；但该舞蹈培训机构的微博账号粉丝数却只有 13.7 万，转评赞数量也远远低于抖音账号，如图 2-8 所示。

图2-7　某舞蹈培训机构的抖音账号主页

图2-8　某舞蹈培训机构的微博账号主页

在抖音平台上，像该舞蹈培训机构一样的中小企业还有很多。这些中小企业虽然在其他社交平台上的营销效果并不明显，但在抖音平台上却能及时把握平台的红利期，凭借优质的短视频内容和平台的算法推荐机制成功逆袭。

2. 与明星达人、用户蓝 V 联动

不少抖音蓝 V 账号都偏爱明星、达人参与视频制作，这样可以有效地提升短视频的曝光度，帮助蓝 V 账号加速完成前期冷启动。例如，某抖音蓝 V 账号的多个短视频作品中都出现了明星的身影，如图 2-9 所示。

图2-9 明星参与制作的短视频作品

根据相关数据显示，蓝 V 账号中出现明星、达人的短视频作品，在播放量上呈"高下限、低上限"特征。明星、达人因为影响力大、知名度高，由他们参与制作的短视频作品虽然播放量比普通的短视频作品高，但还是远远比不上那些爆款短视频，因为每个明星或达人都有自己流量的"天花板"。所以，在内容主体的选择上，除了明星、达人，蓝 V 账号的运营者也可以尝试利用企业 IP 或邀请普通人参与制作短视频。

例如，某企业的抖音蓝 V 账号中部分短视频作品由该企业的负责人直接出镜参与制作，如图 2-10 所示。又如，某企业的抖音蓝 V 账号中很多短视频作品都是由该企业的普通员工参与拍摄和制作的，如图 2-11 所示。

图2-10 利用企业IP制作的短视频作品

图2-11 邀请普通员工参与制作的短视频作品

3. 在抖音塑造企业专属的超级IP

通常而言，有IP的抖音蓝V账号往往比普通的蓝V账号更具有吸引力。IP是英文"Intellectual Property"的缩写，译为"知识产权"。在实际使用中，IP的概念得到了很大延伸，它可以是消费者喜欢的人物、故事，也可以是一部综艺、一个吉祥物、一款游戏，甚至可以是一个理念，只要是能够持续获得吸引力和流量的文化消费品，就能被称为IP。业内专家总结，IP特指具有长期生命力和商业价值的跨媒介内容经营。

近年来，随着媒介种类增多，IP的来源也越来越丰富。除了文学、动漫、影视、游戏等传统的IP来源，社交媒体平台、文博机构及不少地方政府等也纷纷加入打造网红IP的潮流之中，成为不可或缺的新兴力量。

例如，峨眉山景区除了秀丽的自然风光，山上的灵猴也是其吸引游客的重要资源。因此，景区顺势将峨眉山的灵猴打造成专属IP，并推出了一系列IP衍生品，如景区的文创雪糕，如图2-12所示。同时，抖音平台上的峨眉山景区蓝V账号也会经常发布一些与灵猴相关的短视频作品,以此加深用户对灵猴这一景区 IP 的印象,如图 2-13 所示。

图2-12 峨眉山景区的灵猴文创雪糕

图2-13 与灵猴相关的短视频作品

2.2 流量变现

抖音平台是一个巨大的流量池,吸引了无数商家、达人纷纷加入抖音营销的阵营中,也造就了很多爆款视频和网红商品的诞生。抖音平台的流量基数大,其流量变现能力自然也很强,但并不是人人都能通过抖音平台成功实现流量变现。下面我们就来看看如何把握住抖音平台的流量红利期,成功实现流量变现。

2.2.1 线上内容营销如何为线下实体引流

抖音平台作为超级流量入口,很多商家都会通过抖音平台进行引流,线下商家自然也看到了这一商机,纷纷加入抖音引流的大军。通过线上短视频内容为线下实体店引流的方法主要有以下几种。

1. 邀请抖音探店

以前很多达人会通过探店的方式在微信公众号、微博等平台上为线下实体店引流，如今又多了一种抖音探店模式。抖音探店是指线下实体店商家邀请达人创作者在他们的抖音账号上发布探店视频，为抖音用户"种草"店铺，吸引用户到店消费。例如，某美食探店类抖音账号的粉丝数高达926万，其发布的探店视频点赞量和评论量也很多，具有非常不错的引流效果，如图2-14所示。

图2-14 某美食探店类抖音账号的主页及其发布的部分短视频作品

2. 邀请消费者打卡

很多线下实体店商家除了邀请抖音达人探店，还会积极布局自己店铺的抖音账号，结合有创意的场景布置和优惠活动，发布有吸引力的短视频，将店铺打造成网红店，从而吸引消费者到店打卡、消费。例如，某餐饮店通过机器人送餐这种新颖的模式，吸引消费者到店打卡、消费，如图2-15所示。

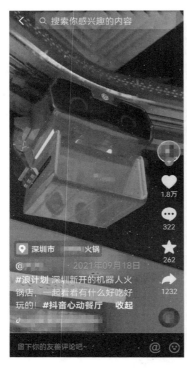

图2-15 某餐饮店通过机器人送餐的方式吸引消费者到店打卡

3. 同城广告投放

同城是所有线下实体店商家赖以生存的立足之地，但在引流过程中却存在费用高、效果低等问题。因此，不少线下实体店商家将目光放在了性价比更高的短视频营销上。抖音平台上的"同城"频道如图 2-16 所示，在"同城"页面中可以看到相关的同城视频；点击"同城发现"按钮，还可以在弹出的菜单中选择美食、休闲娱乐、景点/周边游、丽人/美发、亲子/乐园等分类的同城短视频内容，如图 2-17 所示。

从营销的角度来看，抖音平台最大的优势在于其独特的推荐算法，系统会给每个短视频作品都分配相应的人群数据包，也就是流量池机制，使商家发布的短视频作品可以获得更多的展现机会。线下实体店商家依托抖音平台数亿的活跃用户，借助爆款短视频植入广告，展示并推广自己店铺的产品或服务，可以以超低成本完成口碑扩散传播。

图2-16 抖音平台上的"同城"频道　　图2-17 "同城"频道的分类

2.2.2 新锐品牌如何通过新营销拓展新流量

在新商业模式下，我们一直强调一个概念：哪里有流量，哪里就有商机。抖音平台凭借内容营销这股东风，成功成为短视频领域最大的流量平台。但在抖音这个巨大的流量平台上，要想获得更多的流量，达到更好的变现效果，也并非易事。抖音平台在向用户推荐内容时，会通过一套独特的流量推荐算法机制来筛选优质内容。因此，抖音电商运营者要想分到更大的"流量蛋糕"，就需要先了解抖音平台的推荐规则与算法机制。

1. 掌握抖音流量推荐算法机制

抖音平台沿袭了今日头条的流量推荐算法机制，即根据用户的喜好进行内容推荐，以保证视频的分发效率和用户体验。抖音平台的流量推荐算法机制是"去中心化"的智能推荐、机器算法+人工的双重审核。

抖音平台为每一个发布成功的作品都提供了一个流量池，无论作品质量好坏、账号大小，都能获得一定的播放量。然后系统会根据作品在这个流量池里面的表现，决定是否把该作品推向更大的流量池，如果该作品在每一个流量池中的表现都比较好，那么作品就会进入平台的热门推荐。

所以，抖音平台采用的是"多级推荐"机制进行内容推荐，大致分为三级：智能分发、叠加推荐和热门推荐，如图2-18所示。

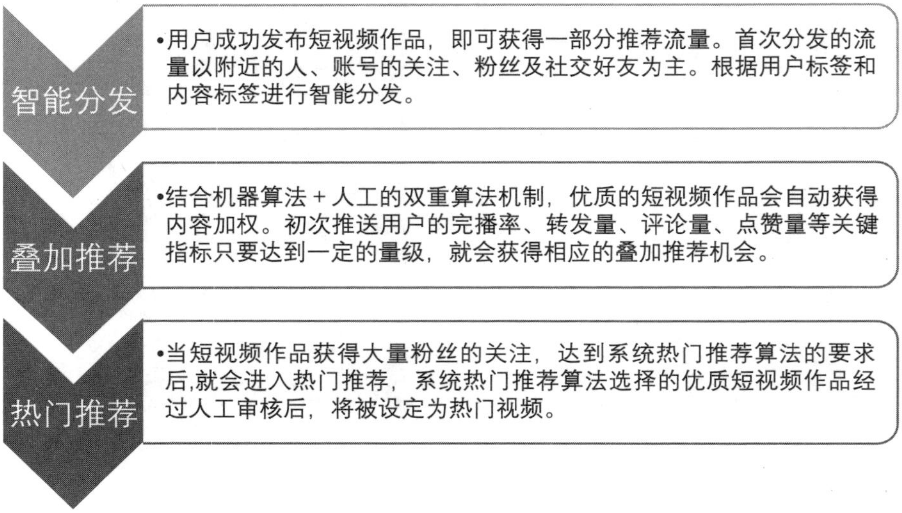

智能分发
- 用户成功发布短视频作品，即可获得一部分推荐流量。首次分发的流量以附近的人、账号的关注、粉丝及社交好友为主。根据用户标签和内容标签进行智能分发。

叠加推荐
- 结合机器算法+人工的双重算法机制，优质的短视频作品会自动获得内容加权。初次推送用户的完播率、转发量、评论量、点赞量等关键指标只要达到一定的量级，就会获得相应的叠加推荐机会。

热门推荐
- 当短视频作品获得大量粉丝的关注，达到系统热门推荐算法的要求后，就会进入热门推荐，系统热门推荐算法选择的优质短视频作品经过人工审核后，将被设定为热门视频。

图2-18 抖音平台的"多级推荐"机制

提示

抖音平台主要依据完播率、转发量、评论量和点赞量4个指标的反馈数据来判断短视频内容优质与否。若短视频作品的这4项数据反馈结果都比较好，该短视频内容就会被判定为优质内容，从而被平台推荐到更大的流量池中。这4个指标按优先级排序为：完播率＞转发量＞评论量＞点赞量。

2. 借力抖音智能推荐

抖音平台的流量推荐算法机制的特点是呈圆环式扩散，圆环共分为4层，如图2-19所示。抖音平台向用户推荐短视频作品时，会由内到外依次逐层扩散推广。

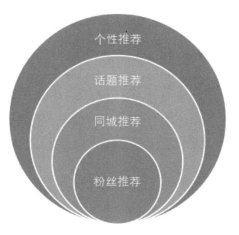

图2-19 抖音的圆环式扩散推荐机制

（1）粉丝推荐

当一个账号发布一条短视频作品后，平台不会立刻为其引入大量的流量，而是先将短视频作品推荐给该账号的粉丝；如果该账号目前处在"零粉丝"的状态，平台就会跳过粉丝层级，直接将短视频带入下一个层级做扩散推广。因此账号的粉丝数量越多，其推流效果越好，起点也越高。

> 一个拥有千万粉丝的大号和一个没有粉丝的新号同时发布一条相同内容的短视频作品，大号所发布的短视频作品的曝光效果一定会比新号好，因为它的起点比新号更高，这就是所谓的粉丝价值。

（2）同城推荐

如果短视频作品在粉丝推荐阶段，各项反馈数据的结果都比较好，平台就会将该短视频作品推入下一个层级——同城推荐。同城推荐类似于微信中的"附近的人"功能，这种推荐的人群匹配度虽然没有粉丝高，但是因为身处同样的环境，用户还是很容易与之产生情感共鸣的。

例如，一条推荐成都美食的短视频作品中介绍了一家味道很好的冷锅串串店，如图2-20所示。如果抖音平台将该条短视频作品扩散到同城推荐，很有可能会引起同城用户的关注，对该美食感兴趣的用户甚至还会专门到这家店去品尝美食，曾经去过这家店的用户也容易产生共鸣。但如果将这条短视频作品扩散到北京、上海等地方，这些地方的用户对这种地方美食不是特别了解，对这条短视频自然也不会产生太深的感触。

图2-20　一条推荐成都美食的短视频作品

（3）话题推荐

如果短视频作品在同城推荐阶段，各项反馈数据的结果依旧很好，平台就会继续将该短视频作品扩散到下一个层级做推广。第三个层级是话题推荐，如果短视频作品能够登录抖音的热门话题，进入该话题的流量池，就能获得这个话题的一部分流量。在抖音上有很多热门话题，图2-21所示的短视频作品就是在"好物种草"这个热门话题下进行推广。

图2-21 "话题推荐"方式推广的短视频

（4）个性推荐

如果短视频作品在前面几个阶段各项反馈数据的结果都很好，最终平台会为该短视频作品提供个性推荐。个性推荐根据短视频内容，将其推荐给精准的个性人群，以吸引原本与账号关系不太密切的用户关注，从而增加短视频的曝光度。

 抖音平台会按照圆环扩散机制为短视频作品推流，该机制的逻辑是越内圈的推荐方式越精准，圆环越扩散，其推荐的粉丝、用户及标签就越广泛。

3. 借力抖音流量带货

带货变现是一种非常基础的流量变现方式，基于抖音平台独特的流量推荐算法机制，每一个抖音账号都有机会获得大量的流量，这也为抖音带货提供了良好的条件。例如，很多热门短视频的创作者都会直接在短视频作品中挂出商品链接或自建小店售卖商品；消费者通过短视频购买商品也十分方便，在观看短视频的过程中直接点击短视频中的"小黄车"商品链接，即可跳转到相应的商品界面购买商品，如图2-22所示。

图2-22　通过短视频带货变现

2.3　销售变现

销售变现即我们通常所说的带货变现，分为直播带货变现和短视频带货变现两种模式。下面就为大家详细讲解这两种带货变现模式。

2.3.1　直播带货变现

直播带货是指主播通过直播近距离展示商品，在线答复用户问题而促成交易，实现直播变现。目前，抖音平台上的直播带货方式有三种，分别是自播带货、达播带货和精选联盟，如图2-23所示。

1. 自播带货

自播带货是指抖音电商商家使用自己的品牌或店铺账号在自己的直播间进行

的持续直播带货行为。随着电商直播行业的快速发展，抖音电商商家自播呈现蓬勃高速发展的态势，越来越多的商家组建直播运营团队在抖音电商开启自播带货，并迎来了自播销售额的持续高速增长。

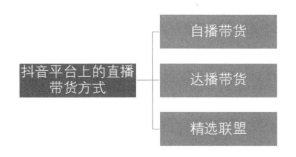

图2-23 通过直播带货变现

在抖音电商开辟的"兴趣电商"新形态下，自播可以帮助抖音电商商家实现商品内容与潜在兴趣用户的高效连接，带来生意规模增量、内容价值变现、用户消费体验优化、经营降本增效、商家人群资产积累、长效经营阵地建立等多维价值。

抖音电商自播赛道的迅速发展，对品牌和商家提出了新的能力要求。为帮助商家更好地经营抖音电商，抖音平台发布了《2021抖音电商商家自播白皮书》，该白皮书提出了商家自播需具备的"八项能力模型"，包括货品能力、主播能力、内容能力、服务能力、活动能力、数据能力、私域能力和广告能力，如图2-24所示。

图2-24 商家自播的"八项能力模型"

（1）货品能力

货品能力是商家自播获得爆发式增长的核心，具体分为选品和定价两个方面的内容。

在选品策略方面，商家要精简SKU，注意品类垂直化，确保目标人群精准转化；同时，还要注意商品结构合理化，并善于利用商品套装，以及季节性强或流行热卖商品，提升客单价与转化效果。

在定价策略方面，可通过价格对比确立全网价格优势，并针对不同消费价位用户需求进行阶梯定价。此外，商家还可以采用粉丝优惠、限时折扣等多种定价策略刺激用户下单购买商品。

（2）主播能力

主播能力是商家自播获得用户认可、提高用户转化效率和销售产出的关键。主播能力主要体现在带货的专业度、口才能力、学习能力、粉丝维护能力、打造人设能力五个方面。例如，商家可以选用播音主持专业出身的主播来进行直播，这类主播本身具备很强的语言表达能力，再结合优秀的营销话术，很容易就能使品牌直播间在线人数飙升。

（3）内容能力

内容能力可从直播画面、直播话术、直播内容三个方面入手进行提升。直播画面优化因素包括真人出镜、画面清晰度、声音音质、灯光光线、背景画面等；直播话术方面，可采用主动提问、福利引导、贴图标注、热点话题、观众连麦等方式主动引导用户互动；直播内容是衡量直播优质程度的重要标准之一，适用人群和场景讲解、合理的优惠福利、商品试用演示等均可能对用户的购买兴趣造成一定的影响。

（4）服务能力

服务能力主要是通过商家体验分、带货口碑分、作者信用分和商家违规积分四项指标来进行衡量。商家体验分中，商品体验占比为50%，物流体验占比为15%，服务体验占比为35%；带货口碑分主要基于带货历史分享的商品评价、售后、投诉等多维度综合计算；作者信用分与商家违规积分主要对应的是违规行为，当两者达到节点时，均会触发相应的处罚措施。商家可根据以上分值构成，从商品、物流、服务、售后等多个维度入手，优化服务能力，促成高效交易。

(5) 活动能力

活动能力可以分为商家自发营销活动和平台营销活动。商家自发的营销活动包括周年庆、品牌上新日、宠粉节、总裁进直播间、工厂日、商家IP日等。抖音电商平台的营销活动包括品牌自播巅峰赛、品牌首播活动、平台营销IP活动、行业IP活动、平台大促活动等。

(6) 数据能力

数据能力是商家在电商生态中获得长效经营的必备能力之一，主要包括商家运营数据分析和同行数据分析两大维度。商家运营数据分析包括店铺经营数据分析、直播数据分析和服务评价数据分析；同行数据分析也就是针对同行的整体数据和各项重要维度的核心数据进行对比分析。

商家不仅可以通过对自身经营数据的分析洞察，不断优化店铺经营、直播运营和服务水平，还可以通过对行业其他商家的运营数据进行对比分析，不断实现生意总量最大化。

(7) 私域能力

私域能力是指商家通过抖音电商企业号沉淀自然流量和商业流量，并在账号主页、私信、订阅、群聊等私域场景经营企业和用户的关系，获取品牌、销量等商业价值的持续成长的能力。抖音电商的私域运营具有强获客、正循环、高效率三大特点，因此，商家可以通过抖音电商的私域建设，打造抖音电商长效经营的流量阵地。商家自播私域运营策略包括引流策略、促活策略和长效私域运营策略。

(8) 广告能力

广告能力可以帮助商家精准地投放商业流量，扩大商家自播效果。巨量千川作为抖音平台旗下的电商广告平台，能够通过多产品版本与定制数据营销工具，满足商家多样化的推广需求，覆盖营销全链路，为商家提供抖音电商一体化营销解决方案。

2. 达播带货

达播即达人直播，也就是达人通过自己的账号进行直播带货。抖音直播带货的一个重要因素就是人，那些具有一定粉丝基础的达人，自然就是很好的带货主播人选。虽然达人带货比普通用户带货更容易，但是达人之间的竞争也是非常大的。因此，达人在进行直播带货时需要注意以下几个要点。

- 达人刚开始带货时，可以利用"星榜"等电商直播数据分析平台学习直播带货的知识。例如，通过"星榜"平台上的"直播热卖好物榜"了解在抖音直播中什么样的商品比较受欢迎，这些商品有什么特征；通过"直播达人榜"学习高销量直播达人的带货方法和技巧。"星榜"平台上的"直播达人榜"页面如图2-25所示。

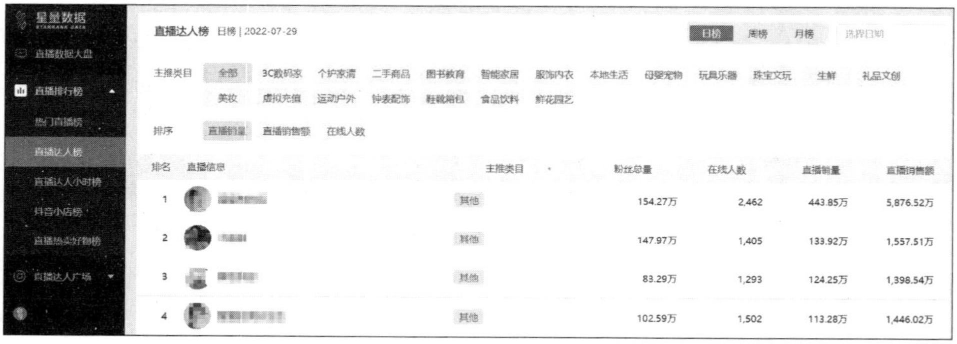

图2-25 "星榜"平台上的"直播达人榜"页面

- 达人需要先做好账号定位，确定自己要带什么货，在垂直品类上进行深挖，成为这个类目的专业KOL。
- 达人直播带货的基础是拥有一定数量和质量的粉丝。因此，达人要学会运营粉丝，在带货过程中要多与粉丝聊天，解答他们的疑问，证明自己的价值，一步步让粉丝产生信任感，最终充当他们的意见领袖。
- 达人如果要开通商品橱窗需要实名认证，并发布10个以上的短视频作品。开通商品橱窗后，达人就可以挂出商品进行售卖了。
- 达人直播的时间最好选择11：00—13：00、17：00—19：00、20：00—22：00等几个高峰时段，这些时段内，用户一般比较空闲，观看直播的时间也会更多一些。

3. 精选联盟

精选联盟是抖音电商版块连接商家与达人进行商品推广的平台，旨在为商家和达人提供合作机会，帮助商家进行商品推广，帮助达人赚取佣金。

抖音电商商家可以在精选联盟平台添加需要推广的商品，并设置佣金；而达人在线选择推广商品，制作商品分享短视频或直播，产生订单后，平台会按期与达人进行佣金结算。

商家可通过抖店后台自主入驻精选联盟，不过要入驻精选联盟，商家需要满足以下两个条件。

（1）商家体验分≥4分。

（2）关闭精选联盟权限次数＜3次。

商家开通精选联盟的方法很简单，商家符合入驻条件后，只需进入抖店后台，依次单击"营销中心"→"精选联盟"→"开通联盟"选项，单击"开通精选联盟权限"页面的"立即开通"按钮，即可开通精选联盟，如图2-26所示。

图2-26　开通精选联盟权限

抖音平台每天会校验商家体验分，如图2-27所示。如果商家体验分＜3.8分，商家将收到平台发送的警告，商家在收到警告后，应及时调整运营策略，避免被关闭精选联盟权限。如果商家体验分＜3.5分或违反精选联盟平台管理规则，达到清退或终止合作标准，平台将关闭商家精选联盟权限。被关闭精选联盟权限的商家，已通过短视频或直播推广的商品也会被解绑。

图2-27 商家体验分

每个商家仅有3次开通精选联盟的机会,如果被平台关闭了3次精选联盟权限,该商家将永久不可申请开通精选联盟。所以,商家如果想要利用精选联盟平台推广商品,一定要严格遵守抖音电商规则及精选联盟平台的管理规则。

2.3.2 短视频带货变现

抖音平台上最理想的销售变现模式是直播带货与短视频带货相结合,通过短视频向用户种草,通过直播来完成销售转化,从而为商家和运营者带来更高的收益。通过短视频带货变现确实是一个很好的变现渠道,但是同类短视频账号繁多,平台用户为什么要选择在某家购物呢?运营者只有为用户提供更合"胃口"的短视频内容及商品,才能卖出更多的商品。

1. 短视频带货的优势

在抖音平台上,变现方式多种多样,为什么短视频带货就可行呢?短视频带货的优势主要有4点,如图2-28所示。

图2-28 短视频带货优势

（1）流量转化率高

抖音电商的购物逻辑是激发消费者兴趣，提高消费者的下单意愿，因此非常注重账号的转化率和复购率。抖音平台本身就具有流量大、转化率高等特点，在这种背景下，只要短视频内容好，商品的转化率通常都会比较高。

以一款售价为9.9元的暖宝贴商品为例，通过"蝉妈妈"数据分析工具对带货该商品的短视频作品进行分析。在"蝉妈妈"数据分析工具的"视频分析"页面中，可以看到该商品近30天的数据概览，可以发现该商品近30天中只有9个带货视频，但转化率却是100%，如图2-29所示。

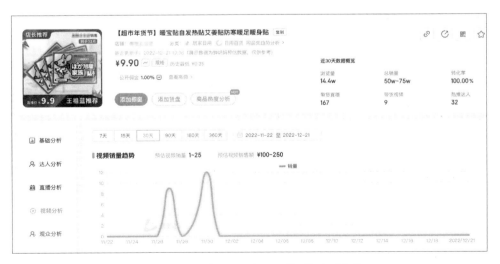

图2-29 "蝉妈妈"数据分析工具的"视频分析"页面

以第一位达人的数据为例，他发布的一条短视频作品的点赞数为2756个，评论数为164个，转发数为20个，但销售额却有2449.59元。按照50%的佣金计算，这条短视频为他带来的收益为1224.8元。由此可见，这样一条各项基础数据都不是很突出的短视频作品，由于商品的转化率高，同样为创作者带来了非常不错的收益。

（2）购物便捷性强

抖音运营者可结合目标消费者的需求策划短视频内容，当短视频内容激发消费者对商品的需求后，消费者可直接点击短视频中的链接跳转至商品详情页，对商品进行收藏、加购、下单等操作。短视频购物缩短了传统电商购物中消费者的挑选时长，同时也加速了消费者的购买决策。因此，短视频带货不仅方便了消费者购物，也利于创作者售卖商品进行变现。

（3）没有时间限制

直播带货在时效性方面要求比较严格，优惠券有领取时间限制，录播视频观看量也不大。而短视频带货的时效性相对来说没有那么严格，因为短视频的留存时间长，甚至一些旧视频可能还会因主播人气的累积，出现流量爆发、销量爆发的情况。只要运营者发布的短视频一直有人看，一直有人下单，就可以一直获得佣金。换言之，带货短视频可以一直"存活"在消费者的视线里，只要消费者喜欢，短视频及商品信息就可能一直被传播。

（4）带货种类繁多

根据"蝉妈妈"数据分析工具的"抖音热推榜"显示，抖音平台上带货人数较多的商品类目包括服饰内衣、食品饮料、生鲜蔬果、日用百货、美妆护肤等，如图2-30所示。

图2-30 "蝉妈妈"数据分析工具的"抖音热推榜"

由此可见，短视频带货种类繁多。抖音运营者可结合账号垂直情况与消费者需求，选择适合自己的商品类目进行带货。而且，与直播带货相比，短视频带货可根据不同商品类型，精心策划短视频创作的环境、拍摄角度等，从而创作出更能体现商品卖点的视频内容。

2. 短视频带货的步骤

常言道，知己知彼，百战不殆。那么，抖音运营者应该如何着手策划可以带来高收益的带货短视频作品呢？运营者在策划短视频内容前，应该先了解短视频带货的步骤。通常，短视频带货需要完成 4 个步骤，如图 2-31 所示。

图2-31　短视频带货的步骤

（1）定位目标人群

需求决定市场，抖音运营者想通过短视频带货，必须先认识消费者的画像，再根据他们的消费特点去策划短视频内容，才能吸引对商品感兴趣的消费者。在抖音平台上，消费者大致可分为 3 种类型，如图 2-32 所示。

图2-32　抖音的消费者类型

不同消费者有着不同的兴趣及购物喜好，下面列举一些抖音消费者的群体特征及购物喜好，便于抖音运营者布局相应的内容，如表 2-1 所示。

表2-1 抖音消费者的群体特征及购物喜好

消费者类型	消费者群体特征	消费者购物喜好
少女消费者	少女消费者年龄一般在18~25岁，基本都是刚走出校园的年轻女性，这部分消费者既有父母的帮扶，又没有家庭的压力，在消费时少有顾虑，是典型的冲动型消费者	少女消费者平时喜欢购买一些快消品类的商品，如零食、小玩具、小家居等。这类消费者更换商品频次较快，更为注重商品的价格，不太注重商品质量。如果是面对这类消费者，应实行低价走量的销售策略
宝妈消费者	宝妈消费者也是抖音平台上的主力消费人群。这类消费者在家居、护肤品等方面的消费能力非常强，平时不仅要给自己购买一些必需品，还要给伴侣、孩子置办衣物等	与少女消费者相比，宝妈消费者在购物时就显得成熟、理性一些，在消费时她们往往更关注商品的实用性。例如，常关注一些安全性高的玩具、日用品等。在面对宝妈消费者时，则需要考虑商品的实用性与安全性
男性消费者	男性消费者的消费思维偏理性，而且部分日用品会由伴侣购买，所以一般只购买刚需类的商品，很少冲动消费	男性消费者因为较为理性，想让他们购买商品，必须更完美地展现商品的功能、特点等。以一款手机为例，必须通过视频说明该款手机与其他手机相比，有哪些亮点，如果这些亮点确实迎合了他们的兴趣爱好，才能刺激其转化

综上所述，抖音运营者要想通过短视频带货，就必须先分析这些商品的目标消费者是谁，他们又有着什么样的兴趣爱好及购物特点。只有在精心分析消费者后，策划出对其"胃口"的短视频内容，才能获得高转化。

（2）体现商品价值

营销不是简单的降低商品价格，而是通过体现商品的价值去吸引消费者。在电商市场中，价格并不是决定商品销量的唯一因素，部分商品价格低廉，但销量往往不可观。其根本原因就是消费者不认可商品的价值，再低的价格也不会使其产生购买行为。因此，短视频带货必须体现商品的价值。

建议抖音运营者从消费者的角度出发，在伴有引导性的同时吸引客户、转化客户。例如，某珠宝品牌抖音账号发布的短视频作品，讲述了一个"90后"男生和一个"00后"男生到门店购买钻戒的故事，如图2-33所示。短视频中"90后"

男生质疑现在"00后"男生都开始购买钻戒准备求婚了,而"00后"男生则慷慨地阐述了自己对爱情的理解,同时传递出了钻戒的精神价值——钻戒从不局限于某个时代,永远都代表着最坚定、最慎重的承诺。正是这种精神价值,吸引着不同阶段的适婚男性购买钻戒,向自己的心爱之人表达最坚定的爱意。

图2-33 传递商品价值的短视频作品

(3)构建消费场景

在策划带货短视频内容时,不能忽略消费场景。通常,消费场景可分为有目的的场景和随机场景。例如,消费者在淘宝、拼多多等电商平台输入商品关键词搜索商品,就属于有目的的消费场景,有需求才有转化;而在抖音、小红书等平台,消费者在看到感兴趣的内容时去了解商品,就属于随机消费场景。

而抖音电商运营者需要做的就是多分析目标消费者的兴趣爱好,并为其构建消费场景。短视频创作者在撰写短视频脚本时,需要先走进消费者的生活场景,再模拟这些场景,从中发现痛点,进而设计出商品、服务的专用体验场景。

（4）打消消费者疑虑

消费者在对一个商品足够感兴趣时，往往只需要"临门一脚"的保障信息就能促成消费。这也是很多电商平台都有相应的风险承诺的原因，如淘宝常见的七天无理由退换、拼多多的极速退等服务。加入这些服务，容易给消费者传递这样的信息：只要消费者对商品感兴趣，只要他有购买行为，不管什么原因，风险都由商家来承担。

那么，对于短视频带货也是同样的道理。抖音运营者在短视频内容中体现商品价值并构建消费场景后，消费者就会对商品产生一定的兴趣。此时，再展示一些有力的证据或提及一些售后服务，便能打消消费者的购物疑虑，从而增强消费者下单的决心。

3. 短视频带货的选品

随着抖音电商的迅猛发展，很多商家和抖音运营者选择通过短视频进行带货，但并不是所有的抖音账号都能获得好的带货效果。如果想在抖音平台上成功将商品销售出去，就需要根据抖音账号的相关类型和属性，选择目标消费者感兴趣或有需求的商品进行销售。

实在不知道应如何选品的运营者，可通过相应的短视频数据分析工具查看抖音平台热销商品进行参考。例如，打开并登录"蝉妈妈"数据分析工具，在"抖音分析平台"的"找商品"下单击"选品库"按钮，如图2-34所示。

图2-34 "选品库"按钮

系统自动跳转到"选品库"页面，在该页面中可以按视频销量排序查看商品信息，包括商品名称、图片、价格、视频销量、视频销售额、佣金比例、关联视频这些重要数据，如图 2-35 所示。抖音运营者可结合账号类型与商品类目、价格等信息，选择适合自己的商品，并单击商品后面的"购物车"按钮，将其添加至自己的商品橱窗进行销售。

排行	商品	价格(元)	视频销量(件)	视频销售额(元)	佣金比例	关联视频
1	三个起拍 卡通花朵木浆海绵擦刷硫洗锅海绵擦洗碗神器	3.33	100w-250w	250w-500w	20%	2,993
2	[9.9元50只] KN95立体莫兰迪彩色口罩 四层防护口罩男女潮款	9.90	100w-250w	1000w-2500w	27%	3.3w
3	[10件起购][主播宠购]▓▓▓▓香菇鲜椒辣酱百搭佐料罐装80克/罐*1罐	29.90	75w-100w	100w-250w	15%	56
4	▓▓▓▓【男/女神专用】莫兰迪护眼角 独立包装一次性防护口罩	9.90	75w-100w	500w-750w	27%	1.2w
5	[9.9元/10条] 抹布洗碗布厨房清洁布小毛巾加厚擦桌吸水不沾油	9.90	50w-75w	250w-500w	36%	2.9w
6	▓▓▓刮皮刀削皮刀不锈钢水果削皮器蔬菜厨房多功能土豆皮去皮神器	7.90	50w-75w	250w-500w	15%	1,395
7	大▓▓肥皂老牌子200g洗衣皂无磷加香内衣皂臭皂尿布皂多组合	7.90	50w-75w	250w-500w	25%	1.9w

图2-35 销量排名靠前的商品信息

短视频带货的商品种类繁多，涉及服饰内衣、食品饮料、生鲜蔬果、日用百货、美妆护肤等多个类目。抖音运营者在带货之前，最好根据粉丝特征来进行选择，所带货的商品需要与目标粉丝相关联。例如，美妆类账号所带货的商品最好以美妆护肤类为主。

2.4 粉丝变现

抖音平台上的流量类型分为两大类：公域流量和私域流量。随着抖音平台公域流量竞争加剧，流量红利释放殆尽，抖音电商商家和运营者获得公域流量变得越来越困难，这时就需要积极地打造自己的专属私域流量池，以摆脱平台的流量分配限制，提升流量的商业价值。抖音私域流量变现也就是本节所要讲解的粉丝变现。

抖音电商商家和运营者长期发布短视频作品，就是为了积累粉丝，实现商业变现。在抖音平台上，粉丝变现的方式有很多，除了最基础的直播带货、短视频带货，还有商业广告、私域导流、知识付费等变现方式。

2.4.1 商业广告

当抖音运营者积累了一定的粉丝量和播放量后，可以通过官方广告平台或第三方广告平台，对接商业广告进行变现。抖音平台上常见的广告形式主要包括品牌广告、植入广告、弹窗广告和冠名广告，如图2-36所示。

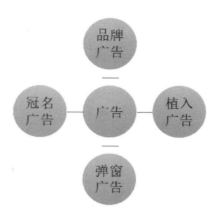

图2-36 常见的广告形式

1. 品牌广告

品牌广告是指以品牌为中心，为品牌量身定做的专属广告。这种广告常见于品牌商家账号，通常以短视频的形式出现，制作要求较高，制作难度较大，所需费用也较高。一些专业性较强的短视频账号也会接这类广告。例如，某手机品牌在其抖音账号上发布的短视频作品中推广了一款该品牌新推出的手机产品，如图2-37所示。

图2-37 某手机品牌发布的广告短视频

2. 植入广告

植入广告是指将商品及其服务等具有代表性的视听内容融入短视频作品中，从而给观看者留下深刻的印象，以达到营销目的。植入广告包括硬性植入和软性植入两种形式。硬性植入是指不添加修饰或添加较少修饰，将广告内容植入短视频作品中。软性植入是指不露痕迹地将商品的广告信息融入短视频作品中，从而使用户在不经意间接受这些信息。

软性广告与硬性广告相比，渗透力更强、商业味道更淡、可信程度更高，但设计难度也更大，需要很强的创意性。抖音运营者可结合账号实际情况，选择植入广告类型。

3. 弹窗广告

弹窗广告是指出现在短视频作品中，悬挂在画面某特定位置的品牌Logo或一句话广告。弹窗广告有着展现时间长、所占位置小、不影响用户视觉体验等优点。某短视频作品中出现的弹窗广告如图2-38所示。

图2-38 某短视频作品中的弹窗广告

由于弹窗广告形式十分直白，可能影响观众的观赏体验，在短视频广告中应用较少。

4. 冠名广告

冠名广告是指企业为了提升品牌形象、提高商品销量、打响品牌知名度而采取的一种阶段性宣传广告。冠名广告常见于综艺节目中。例如，在各种综艺节目中，口播"大笑养肺，不笑浪费，宇宙养肺老字号×××××"就属于冠名广告。

随着电视广告费用的增长，以及短视频的兴起，很多商家把冠名广告投向了短视频市场。因此，抖音运营者可以抓住机会，依靠冠名广告变现。

冠名广告可以让商家与短视频创作者实现共赢。商家通过短视频中的冠名广告，可以提升品牌知名度，进而巩固老用户和吸引新用户；而短视频创作者不仅可以得到商家的实物支持，通过短视频售出商品后，还能获得广告费用。

2.4.2 私域导流

抖音运营者如果能将抖音平台上获取的流量（粉丝）导流到其他平台上，再通过一定的沉淀，就能获取源源不断的精准流量，从而实现粉丝效益的最大化。

以微信平台为例，将抖音平台上获取的粉丝导入微信平台，然后再通过微信平台沉淀流量，挖掘粉丝价值。抖音运营者可以在抖音平台上透露自己的微信账号，并通过一定的利益来吸引抖音用户添加微信，然后再在微信平台上深度沉淀用户，引导用户进行转化和分享，形成裂变传播，进而打造出一个"抖音平台（引流）→微信平台（导流）→店铺（变现）"的商业闭环，将流量的价值成倍放大，如图2-39所示。

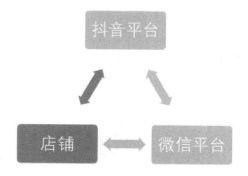

图2-39 抖音导流微信的商业闭环

例如，抖音平台上一个拥有 598 万粉丝的美食类账号，在其账号主页透露了自己的微信账号，想要将抖音平台上的粉丝导流至运营者的微信公众号或个人微信中；同时，运营者还开通了微店小程序销售商品，以实现变现的目的，如图 2-40 所示。

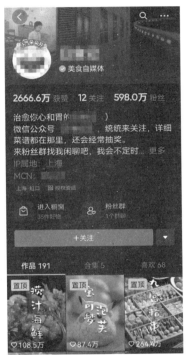

图2-40　抖音导流微信的实例

抖音导流的方法有很多，如抖音账号导流、抖音账号名字导流、抖音账号简介导流、抖音背景图片导流、抖音个人头像导流、抖音短视频作品导流等。当抖音运营者将抖音平台上的粉丝导流到其他平台以后，就可以通过这些平台来维护和管理这部分精准流量，为更好地实现商业变现打下坚实的基础。

2.4.3　知识付费

知识付费变现是当下很火的一种变现方式，即以直播、短视频的形式输出自己的专业知识，帮助粉丝解答自己专业领域内的问题，以吸引粉丝为知识付费。例如，某抖音账号以发布短视频剪辑教学类短视频作品为主，在该账号的商品橱窗中也有相关的短视频剪辑课程售卖，如图 2-41 所示。

图2-41 采用知识付费方式变现的抖音账号

知识付费这种变现方式比较适合教学类、咨询类短视频账号。知识付费变现对创作者的专业知识有一定的要求,但是并不需要太多的粉丝,只要有一部分粉丝愿意为账号传递的知识买单,就能获得不错的转化。

2.5 抖音电商变现的"六脉神剑"

凭借成熟的推荐技术,抖音平台创立了"以内容为中心"的兴趣电商经营模式,通过兴趣推荐连接商品内容和潜在用户,从而为广大商家带来消费新人群和生意新增量。下面我们就看看在兴趣电商时代下,如何才能高效驱动抖音电商商家的生意增长。

2.5.1 抖音电商FACT模型

很多抖音电商商家都会有三个问题:抖音电商的增长逻辑是什么?如何在抖音电商布局生意?商家的组织能力如何匹配?抖音电商FACT模型能很好地回答这三个问题。

FACT 模型首先回答了抖音电商的增长逻辑是雪球式的滚动增长。抖音电商经营的三大要素分别是流量、转化和沉淀，随着用户规模和交易数据的持续积累，转化、沉淀对流量获取进行持续校准和放大，才能使店铺的生意雪球式的快速增长。因此，抖音电商商家需要从汇流量、促转化、聚沉淀三个方面入手，让自己的生意总量进入一个"增长循环"，如图 2-42 所示。

其次，商家需要在抖音商品平台上布局 FACT 四大经营阵地，分别是 F（Field），商家自播的阵地经营；A（Alliance），海量达人的矩阵经营；C（Campaign），营销活动的组合爆发；T（Top-KOL），头部大 V 的品销双赢，如图 2-43 所示。商家可以基于不同阶段的 GMV 增长需求，灵活分配这四大经营阵地的运营资源和营销投入，实现抖音电商生意总量稳定、高效的持续增长。

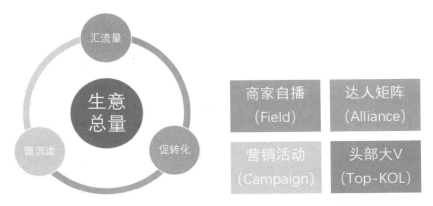

图2-42 抖音电商雪球式的滚动增长逻辑　　图2-43 FACT四大经营阵地

最后，抖音电商商家需要构建"以内容为中心"的电商组织能力。以内容激发消费者对商品的消费兴趣是抖音电商的核心价值，建设以内容为中心的电商组织能力和团队结构，会大大提升抖音电商的运营效率和生意增长速度。

2.5.2　爆品实战聚星塔模型

爆品实战聚星塔模型基于爆款商品打造，围绕抖音电商营销的全流程而创建，也称为聚星塔爆品独孤九剑模型，包含定位剑、货品剑、阵地剑、IP 剑、团队剑、目标剑、视频剑、直播剑、私域剑，如图 2-44 所示。通过爆品实战聚星塔模型，商家可以快速完成在抖音电商平台从 0 到 1 的搭建，以及整体业务方案的拟定。

图2-44 聚星塔爆品独孤九剑模型

爆品实战聚星塔模型可以帮助品牌解决以下四大问题。

（1）如何确定自己的目标

通过定位剑，商家可以找到自己在抖音电商平台上对标的对手，通过借鉴、学习与模型的方式，快速确定自己的对标对象，并且以此延伸业务（包含货品、账号和IP）、拟定目标。

（2）如何组建团队

众所周知，团队的搭建是一个项目成功与否最关键的变量。通过团队剑，商家可以将团队拆分为直播团队、视频团队、电商团队，并帮助团队拟定各个阶段的KPI（关键绩效指标），评估企业整体投产比。

（3）如何打造优质的内容

在抖音平台上不管是做直播还是做短视频，内容都是最核心的。所以，通过视频剑、直播剑，商家可以整理出直播间"从0到1"的方法论，还有短视频爆款的关键模型及关键脚本，从而帮助品牌快速完成短视频与直播业务的落地。

（4）会员及品牌私域管理

私域是每一个品牌最后的"护城河"，抖音电商同样有账号、粉丝群等各种私域玩法。但是商家需要思考的是如何将抖音电商私域运营与企业的会员管理系统、企业的微信等私域管理系统贯通。爆品实战聚星塔模型中的私域剑可以帮助商家实现从引流到运营再到裂变的增长。

2.5.3 打造个性化IP标签

随着互联网运营精细化模式的深入,一个个性鲜明的 IP 不断涌现,引领着互联网行业走向更好的发展道路。在抖音电商经营过程中,为自己的账号打造一个个性鲜明的 IP 标签也是必不可少的。很多商家都知道要获得成交,关键是要取得用户的信任。而打造 IP 就是为了给用户一个明确的印象与标签,让用户在某个垂直领域对自己产生深刻信任,从而带来成交。

例如,抖音平台上某人气美食类账号的主播,凭借其真实、充满烟火气的短视频作品取得了用户信任,收获了大批忠实粉丝,如图 2-45 所示。该账号的抖音小店销售的商品也得到了粉丝的支持,销量高达1414.6 万,如图 2-46 所示。

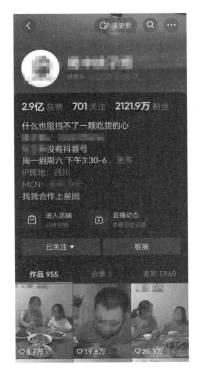

图2-45 某人气美食类账号主页

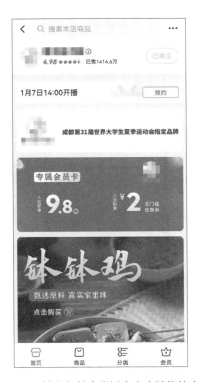

图2-46 某人气美食类抖音小店销售的商品

2.5.4 创作有趣、有价值的内容

抖音平台是一个以优质内容为主的短视频平台，只有商家发布的短视频内容足够优质才能有效吸引用户，促进销售转化。那么，到底什么样的内容才是优质的内容呢？显然，用户喜欢的内容才是优质的内容。

例如，抖音平台上某商品种草类账号，专门针对年轻用户群体，种草一些新鲜、奇特的商品。每个短视频作品中主播会亲自试用、品尝商品，并运用幽默的语言进行商品讲解，从短视频作品的高点赞量也可以看出该账号发布的短视频作品非常受欢迎，如图 2-47 所示。

图2-47　某商品种草类账号发布的短视频作品

抖音运营者在策划短视频内容时，需要综合考虑内容定位、内容质量、内容稳定性和内容调性四大要素，如图 2-48 所示。

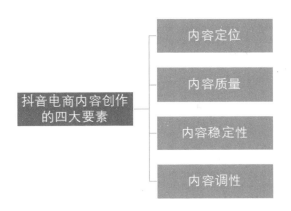

图2-48　抖音电商内容创作的四大要素

2.5.5　商品策划与视觉设计

商品是抖音电商的运营基础，不管是短视频带货还是直播带货，商品的选择和管理都是十分重要的。可通过抖音平台售卖的商品种类繁多，但不难发现部分账号或直播间的人气虽然很高，但商品的销量却很一般。抖音电商的选品组货也是一门很大的学问，运营者需要结合平台的特点、自身的特点、粉丝的特点及热销商品的特点，选出最适合自己的商品，才有可能获得高销量。

不同的电商生态下，选品的逻辑是不一样的，抖音兴趣电商的选品逻辑也不同于传统电商。传统电商是解决需求（"人找货"），兴趣电商是创造需求（"货找人"），两者消费属性和消费性质不同。传统电商的用户都带有明确的消费需求，面临具体的痛点待解决，会通过搜索寻找解决方案，一旦商品能够满足他们的需求，他们就会产生购买行为；而兴趣电商属于发现式消费，用户可能原本并未意识到自身的消费需求，是被内容激发兴趣后产生购买行为的。所以，在抖音电商中商品就等于内容，通过推荐算法实现与用户的连接。

综上所述，抖音电商的商品属性大致具备以下几个特征。

- 非计划性消费：用户原本没有发现自己的消费需求，但可能在随意浏览短视频的时候需求被激发了。例如，服饰、日用品、美食等商品类目，面对这类商品时，用户的需求是长期存在的，只要能够看到相关的短视频或直播内容，就有可能被激发购买兴趣。
- 冲动性消费：用户在抖音购物很多时候都属于冲动性消费，所以，抖音平台上销售的商品最好具有易展示（特殊卖点或亮点、可视化感知商品价值）

和高性价比这两个特点。

- 以爆品为主：抖音平台是一个"盛产爆款"的平台，因为抖音而走红的商品、音乐、话题、人物不计其数。有数据显示，一场优秀的直播带货，80%以上的 GMV 都是由 20% 的爆款商品所贡献的。所以，学会挖掘爆款商品、打造爆款商品，就相当于掌握了撬动流量、销量的杠杆。

在进行抖音电商选品时，商家需要根据抖音电商商品属性来进行选品，切勿采用传统电商平台的选品思路进行选品。具体的选品思路及商品管理方法会在后文中进行详细讲解。

2.5.6 粉丝运营与私域变现

巨量引擎发布的《2021抖音私域运营白皮书》显示，截至 2021 年 7 月，抖音企业号总数量达 800 万。存量竞争时代，私域运营已成为企业营销的战略标配，抖音企业号也成为越来越多企业私域运营的"必选项"。

流量是抖音电商的基础，而抖音私域则是抖音生意的新增量，具备强获客、正循环、高效率的特征，如图 2-49 所示。抖音平台的流量巨大，使抖音私域更容易获客，商家只要私域经营得好，就能撬动更多的公域流量，实现公域流量与私域流量双增长的良好局面。

图 2-49　抖音私域的特征

第3章 六脉神剑第一剑：抖音电商FACT模型

随着互联网的发展，以抖音为代表的短视频行业快速崛起，不仅全面"占领"了网民的碎片化时间，同时还大举向电商行业"进军"。抖音官方更是提出了"兴趣电商"这一全新的概念，通过成熟的推荐技术将优质的商品内容与海量兴趣用户连接起来，从而激发用户消费的新体验与新需求，为商家带来生意的新增量。那么，兴趣电商与其他类型电商相比到底有什么不同？兴趣电商如何帮助商家实现生意增量？本章所讲的抖音电商FACT模型可以给出答案。

3.1　FACT背后的兴趣电商模式

2021年4月，在首届抖音电商生态大会上，抖音平台提出了"兴趣电商"这一全新的概念。事实上，整个电商的发展经历了传统电商到社交电商，再到直播电商的变迁，而兴趣电商行为则是抖音平台从直播电商中升级出来的全新商业形态。抖音平台定义的"兴趣电商"，是一种通过推荐技术激发用户潜在兴趣的发现式电商消费模式。

兴趣电商最核心的点在于，对电商中的"人、货、场"进行了重构，将原来"人找货"的形式变成了"货找人"的形式，通过内容去匹配兴趣、激发消费，这是兴趣电商对"场"的重塑。除此之外，兴趣电商在"货"的方面改变了原来传统电商货物陈列的形式，传统电商展陈的重点在于详情页，而兴趣电商则是通过短视频或直播的形式，更加立体和聚焦地展现商品，也就是对商品进行了内容化，在获取消费者信任的同时，激发他们的消费兴趣。从"人"的方面来讲，兴趣电商实现了发现式的消费，能够让用户发现生活中硬性需求之外的一些需求，充分激发他们的购物需求，实现消费者生命周期价值的提升。

例如，用户在抖音平台上看到饮料批发的直播，之前也许并没有购买饮料的想法，但看到直播间中销售的饮料价格十分便宜，就有可能产生购买商品的需求和行为，如图3-1所示。

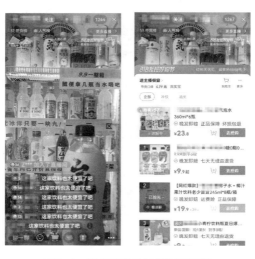

图3-1　进行饮料批发的某直播间

2022年5月，在第二届抖音电商生态大会上，抖音电商官方宣布将"兴趣电商"全面升级为满足用户美好生活多元需求的"全域兴趣电商"。在"全域兴趣电商"阶段，商家的经营场域从原先以短视频、直播为核心的内容场，延伸到以搜索、商城、店铺共同构成的中心场，以及加深"品销协同"（品牌营销）的营销场。由此，抖音电商打通了"货找人"与"人找货"的双重消费路径。

3.2 兴趣电商带来的新机遇与新增长

如果将传统电商、社交电商与兴趣电商进行对比，我们可以发现兴趣电商能够更多地为商家带来消费新人群和生意新增量。

在传统电商中，用户首先要有明确的购物需求，然后再通过搜索的方式去购买商品，所以直通车推广是传统电商运营过程中非常重要的一环。传统电商的消费者路径主要为"需求→搜索→购买"，如图3-2所示。

图3-2　传统电商的消费者路径

社交电商是基于人与人之间的信任关系而产生的一种电商模式，用户在信任某个人的基础上对商品产生信任，进而产生相应的需求和购买行为。社交电商的消费者路径主要为"信任→需求→购买"，如图3-3所示。

图3-3　社交电商的消费者路径

兴趣电商的生意法则是通过内容激发消费兴趣的发现式电商，它的第一步是激发兴趣，然后才是产生需求和购买。兴趣电商的消费者路径主要为"兴趣→需求→购买"，如图3-4所示。

图3-4　兴趣电商的消费者路径

兴趣电商有两个核心点：一是将商品内容化，从而更好地突出商品的卖点；二是通过兴趣推荐，激发消费者的潜在需求，产生生意的新增量。

3.3 FACT的雪球增长模式

抖音电商增长的底层逻辑被称为雪球式的滚动增长逻辑。兴趣电商下的商品内容推荐，是将商品转化和用户沉淀数据加入推荐模型，让商品以内容为载体，规模化地精准触达潜在消费者，并随着用户规模和交易数据的持续积累使店铺获得"成长性"，对流量获取进行持续校准和放大，从而让生意总量进入一个增长循环。因此，雪球增长模式的三大核心点就是汇流量、促转化和聚沉淀。

3.3.1 如何汇流量

抖音电商是以内容为核心的兴趣电商，通常是根据内容属性来判断流量的质量，而流量运营则是指免费流量与付费流量的相互配合。

1. 确定清晰的目标用户，明确定位内容方向

抖音电商作为以内容为中心的电商新形态，流量的获取主要基于内容，内容方向决定了流量触达用户的圈层。因此，在进行抖音电商的内容产出时，应该先确定清晰的目标用户，然后再根据目标用户画像明确定位内容方向，通过内容的数据表现不断优化校准内容方向，以积累高匹配度的忠实用户。

商家可以从用户的年龄、性别、地域分布、职业和消费能力五个方面入手进行定位分析，如图3-5所示。通过对目标用户进行分析，商家可以了解目标用户的人群画像，并根据目标用户的人群特征，做出有针对性的内容和运营策略，实现精准营销。

确定好账号的目标用户以后，接着就需要明确账号的内容方向，并根据该方向来创作短视频内容。在进行内容定位时，商家需要根据整个账号的定位来确定该账号所要发布的内容。

目前，抖音平台上的短视频内容丰富多元，短视频的类型也呈现多样

图3-5 抖音账号的用户定位

化特点。所以，抖音电商商家必须做好账号的内容定位，使自己的视频内容具有特色，这样才能获得更多粉丝的青睐。要想做好账号的内容定位，关键在于为账号确定独特的内容场景，从内容场景入手去发掘可以令用户感兴趣的内容选题。

2. 内容质量 + 内容数量，提升流量的稳定性

不管是短视频还是直播，内容质量和内容数量都是抖音电商商家持续、稳定获取流量的两大关键因素，如图3-6所示。只有当内容质量足够高、内容数量足够多时，商家才可能通过抖音平台的推荐算法机制获得更多的流量。

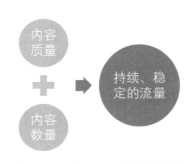

图3-6 持续、稳定获取流量的两大关键因素

（1）内容质量

直播和短视频内容的质量是激发兴趣获取流量的关键。当内容的互动、转化、沉淀数据较好时，该内容就是能够获取流量的优质内容。通过对大量内容数据表现的汇总和分析，商家可以不断对内容进行优化，从而总结出最适合店铺的高质量内容制作方式。

例如，某传统教育品牌近期开始转型做直播带货，在该品牌的抖音直播间中，主播在带货的同时还增加了很多知识分享的内容，如图 3-7 所示。很多用户都表示在该直播间不仅可以购买心仪的商品，还能学习很多有用的知识，就像上课一样。因此，该直播间也收获了大量用户的青睐，每场直播的在线观看人数都能达到数万人甚至数十万人。

（2）内容数量

增加直播时长和短视频数量能够打开更多的流量入口。一方面，商家可以通过增加直播时长，对内容进行实时的优化和效果反馈，并保障长期流量的稳定性；另一方面，短视频数量较多，也能为店铺带来更多的内容曝光机会。

例如，某手机品牌入驻抖音平台后，于 2018 年 9 月 12 日发布了第一条短视频作品，截至 2022 年 8 月 15 日，该品牌抖音账号共发布了 2156 条短视频作品，并且每条短视频作品都有不错的播放量和点赞量，该账号也因此积累了 1458.4 万粉丝，如图 3-8 所示。

图3-7　某品牌的抖音直播间

图3-8　某手机品牌发布的第一条抖音短视频作品及抖音账号主页

3. 精细化的流量运营，让免费流量和付费流量转起来

抖音电商流量运营的核心在于做好免费流量和付费流量的相互配合。一方面，利用付费流量撬动更多的免费流量；另一方面，利用免费流量获取更精准的付费流量。通过免费流量和付费流量的相互配合，可以有效帮助商家快速实现账号的冷启动。

抖音账号免费流量获取的三个阶段和付费流量获取的三个阶段分别如图3-9、图3-10所示。

图3-9　免费流量获取的三个阶段

图3-10　付费流量获取的三个阶段

在抖音电商的运营初期，账号的用户资产沉淀较少，缺乏清晰的人群画像，免费流量推荐的准确性和量级都相对较低。此时，付费流量可以通过圈选目标人群包（付费流量的精准人群包），进行潜在用户的导入式投放。当付费流量的人群数据表现较好时，推荐技术会把内容分发给相似人群（付费流量的深度匹配拓展人群包），从而撬动免费流量（免费流量的中期流量池）。

通过免费流量带来的内容数据表现，可以优化付费流量触达的人群匹配度。当成熟的账号进行广告投放时，智能推荐人群包（免费流量的放大并校准流量池）的质量往往好于主动圈选的人群标签（付费流量的深度匹配拓展人群包），

资源下载码: dydsszgl

这是因为免费流量通过不断测试不同人群的表现而为账号找到了最佳的人群投放策略。

3.3.2 如何促转化

促转化是指推动上一个环节所汇集的流量实现销售转化。调研发现，做好流量转化的关键在于根据潜在人群的需求组织商品，并通过成熟的直播间及短视频内容运营方案让转化效率最大化。促转化的三大步骤如图 3-11 所示。

图3-11 促转化的三大步骤

1. 寻找潜在人群

很多刚开始进行直播带货的商家和达人会发现，前期通过短视频作品积累的粉丝，在直播带货时并不能立刻转化为直播购买粉丝，这也导致了很多直播间在运营初期的转化率较低，此时寻找视频内容的目标潜在人群就显得十分必要了。

寻找潜在人群，一方面需要依靠鲜明的人设打造与长期稳定的内容产出形成持续积累；另一方面需要通过预热视频、营销工具、广告投放等方式，加速目标人群的识别与增长。

2. 优化组货策略

针对抖音电商商品内容化和发现式消费的属性，直播真实、生动、充分的内容特点，以及抖音平台独特的流量推荐机制，商家可以持续发掘更多样的商品组合策略，以提升商品的转化效率。下面就以直播间的选品组货为例，讲解抖音电商的选品组货策略。短视频带货的选品组货与直播带货的选品组货基本相同。

不同的账号会有不同的选品方式。例如，针对达人类账号可以根据主播进行选品，针对成熟类账号可以根据粉丝进行选品，针对新手商家可以根据定位进行选品，如图 3-12 所示。

在抖音电商不仅可以销售全渠道的品牌爆品，还可以销售营销资源相对紧张的第二梯队好货，甚至可以为某一产业的优价好物带来爆发机遇。基于不同账号、达人的内容属性和粉丝需求差异，直播间的商品类型大致可以分为以下五种，如图 3-13 所示。

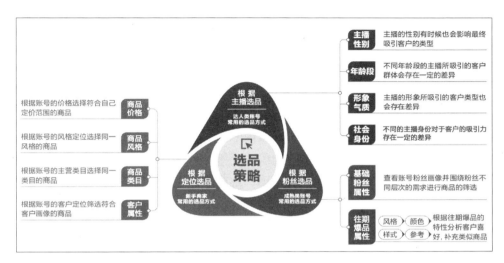

图3-12　直播间的选品策略

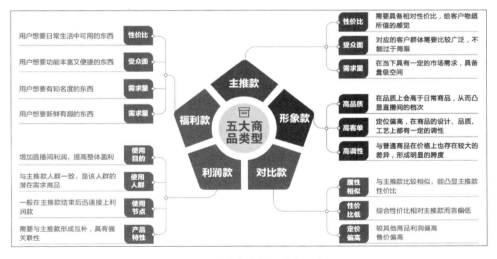

图3-13　抖音电商的五大商品类型

正常情况下，直播间在组货时，应同时配备以上五种类型的商品。商家可根据直播间的实际情况，合理安排各类商品的占比，建议以主推款商品和利润款商品为主。此外，新款首发、抖音特供款、粉丝福利款也逐渐成为商家在抖音电商拉新获客的重要策略。

3. 提供成熟的运营方案

抖音电商中的直播带货与传统电商中的店铺直播是完全不同的。传统电商的店铺直播是以详情页为核心触点，通过客服页、订单页、购物车页、互动页、店铺页、直播页起到辅助成交的作用，如图 3-14 所示。

在传统电商中，进入直播间的用户大多已经对品牌有一定的认知，往往是带着明确的需求进入直播间的。因此，传统电商的店铺主播主要起辅助客服的作用，直播的节奏慢、讲解覆盖品类全，针对已有需求进行转化。

图3-14 传统电商店铺直播的触点

抖音电商的直播带货以直播间为核心触点，通过货架页、订单页、购物车页、客服页、店铺页、详情页激发消费者的潜在需求，从而实现销售转化，如图 3-15 所示。

在抖音电商中，进入直播间的用户往往抱着对内容的期待，这时风格鲜明的主播与精心策划的内容就成了消费者与商品之间的第一触点。因此，抖音直播间的主播必须在短短的几秒钟之内抓住用户的注意力，激发他们的潜在需求。

图3-15 抖音电商直播带货的触点

抖音电商直播具有内容体验更生动、商品展示更真实、信息承载更丰富等特点，同时需要满足引流、种草、互动、转化等多个营销目标，在直播流程上更加紧凑，对于直播团队的能力要求也更高。在运营抖音直播间时，不仅要有优质的主播，还要把控好直播话术、直播节奏、商品调整、广告投放等方面的问题。

3.3.3 如何聚沉淀

短期来讲，聚沉淀意味着粉丝和复购率的增长，商家可以对购买粉丝的人群画像进行分析，进一步校准店铺的运营动作；长期来讲，聚沉淀意味着商家积累的人群资产，是商家在抖音电商长效经营的重要基石。

1. 优化日常运营，注重粉丝增长和复购

在日常的短视频或直播中，引导用户关注账号是最常见的一个粉丝积累动作。当用户关注账号、加入粉丝团、加入店铺粉丝群后，商家就能进一步对粉丝进行逐层加深的粉丝运营，并通过多层次的运营方式对粉丝人群进行多次触达，同时通过多种营销工具（如粉丝券、粉丝抽奖等）增强粉丝黏性，建立与粉丝的长期信任关系，以达到长期持续的转化。

例如，某美食品牌的抖音直播间直接在直播页面上方通过领取优惠券的形式吸引用户加入店铺会员并关注账号，用户加入会员后就可以通过会员特权参与会员专属优惠活动了，如图3-16所示。

图3-16 某抖音店铺的会员特权

2. 善用数据工具，做好人群资产管理

人群资产管理也就是我们通常所说的粉丝运营，为帮助商家更好地管理人群资产，抖音电商平台为商家提供了多种工具，包括抖音电商罗盘、云图、巨量千川及会员专区等。商家可以通过不同的数据管理工具，对自身的人群资产进行多维度的分析，对运营状况做出准确的判断。

例如，通过抖音电商罗盘工具可以对店铺的人群数据进行分析，某美妆品牌的店铺人群数据如图 3-17 所示。从该截图中可以看到该店铺用户的行业及商品偏好集中在美妆、服饰鞋包、生鲜行业，品牌偏好以雅诗兰黛、兰蔻、TF 等一线大品牌为主，喜爱看与美妆测评相关的内容。

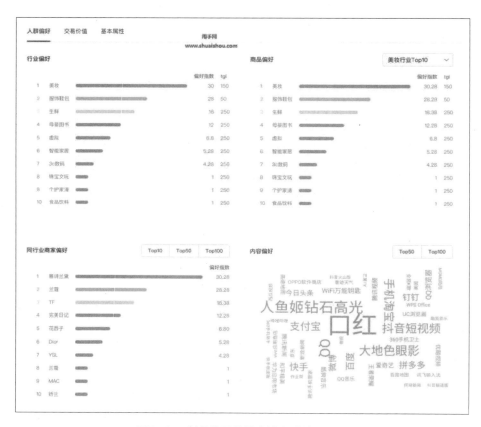

图3-17　某美妆品牌的店铺人群数据分析

3.4　如何布局FACT经营阵地

在 FACT 经营阵地中，商家自播和达人矩阵主要用于构建稳定的日常销量，而营销活动和头部大 V 主要用于实现规模化的品销爆发。

3.4.1　商家自播（Field）：日销经营的基本盘

商家自播是指商家使用自己的品牌或店铺账号在自己的直播间进行的持续直播带货行为，是商家在抖音电商中最基础的经营阵地。通过自播，商家可以直接触达用户，并与用户建立长期关系，从而有效实现人群资产的持续积累。

在商家自播中，商家对于品牌形象、货品选择、优惠力度、直播话术等关键运营节点拥有很强的把控力。但要做好商家自播，保证产出稳定，还需要掌握以下几个要点。

1. 品牌及商家的"人设化"

商家自播的第一步就是学会打造"人设化"的内容。符合品牌调性的"人设"有助于用户快速建立对商家或品牌的认知，拉近用户与商家的距离，使用户产生信任感，从而为商品交易打下基础。商家在进行自播时，建议所有内容的产出都围绕着品牌或商家的人设形象展开，为用户创造整体性的品牌体验。

例如，某服装品牌的抖音直播间对旗下主播进行统一的形象打造，推出了展现品牌时尚特点的"女团主播"，通过每位主播鲜明的人设特点传递品牌理念，如图 3-18 所示。不同性格与气质的"女团主播"不仅可以展示不同风格的服装穿搭，给予用户丰富的商品选择，而且还可以通过"女团化"的主播人设为店铺积累一大批忠实粉丝。

图3-18　某服装品牌的抖音直播间

2. 稳定的商品保障

商家自播对于商品供给的保障要求很高，商家必须具备快速响应商品调配能力，保障直播间商品供给的稳定。在选品组货时，商家需要结合过往直播的表现，根据不同的销售目标，不断优化调整直播间的商品结构。

同时，抖音电商平台还推出了较为完善的商品评价体系，商家应该维护好自己店铺的商品评分，在保障商品质量的同时，根据售后反馈对商品进行改良、升级，进一步满足用户的需求。例如，某食品品牌抖店中的店铺口碑评分如图3-19所示，其中就包括商品体验评分。

图3-19　某食品品牌抖店中的店铺口碑评分

3. 完善的售前售后服务

做好服务保障，是店铺长期经营的必要条件，服务的质量也是抖音电商好坏的重要评判标准之一。在商家自播过程中，主播和客服售前的快速响应，能够有效提高成交转化的比例。而高质量的售后服务则可以提升用户对店铺的评价，增加用户的信任感和复购率。通过店铺口碑评分，商家可以了解用户对店铺服务方面的评价，并及时做出相应的改善。

4. 紧密配合的广告投放

广告投放是店铺获取流量的重要方式,而广告投放的策略需要与直播间的节奏紧密配合,商家需要根据直播间后台的数据表现,实时调整广告投放策略。抖音电商将广告投放功能整合至巨量千川平台中,商家可以在巨量千川平台一站式实现多样化的广告投放目标。巨量千川平台上的广告投放设置页面如图3-20所示,商家可根据需求设置投放方式、优化目标、日预算、出价、定向人群等内容。

图3-20 巨量千川的广告投放设置页面

5. 全面的数据分析

商家可以通过抖音电商罗盘对店铺经营的多种数据指标进行追踪,并实时反馈到直播间的优化措施中。常见的抖音电商诊断指标包括两大类,一类是直播间实时指标,包括实时在线人数、支付GMV、商品点击率、商品的千次观看成交金额等；另一类是关键趋势指标，包括浏览量、有效直播时长、平均在线人数、最高在线人数、人均观看时长、成交件单价、GPM、商品点击成交转化率、商品点击率、看播成交转化率等。

3.4.2 达人矩阵（Alliance）：生意增长的放大器

在抖音电商经营过程中，很多商家会与达人建立紧密的联盟合作关系，借助达人资源，快速建立品牌知名度，提升销量。而且一定规模的达人矩阵可以扩大流量稳定供给，是放大生意增长的最佳助力。

达人矩阵并不是简单的达人带货，商家需要与匹配度高的达人建立长期的紧密合作关系，以稳定的频率触达粉丝人群。另外，商家还需要持续跟踪达人的数据表现，并不断优化达人矩阵的组成。

1. 建立高效的达人撮合建联

构建达人矩阵的第一步就是建立高效的达人撮合建联，抖音电商平台为商家提供了丰富的撮合工具和撮合场景，帮助商家在不同场景下找到适合的达人。商家可以通过抖Link、精选联盟、星云计划、直播电商基地等工具和平台寻找、联系达人。

- 抖Link：即抖Link选品会，是抖音电商重要的线下撮合活动，通过线下选品会的形式高效完成人货撮合，搭建连接抖音电商达人、MCN机构和品牌商家合作的线下桥梁。
- 精选联盟：在精选联盟平台中，可以实现达人找商家和商家找达人的双向匹配。并且平台中设有"选品广场"和"达人广场"两个版块，达人和MCN机构可以主动通过选品广场发现商品，商家也可以通过达人广场找到心仪的达人和MCN机构。
- 星云计划：基于品牌商家需求，通过线上达人招募，培养潜力达人，持续孵化稳定、长期的专业带货"达人池"。
- 直播电商基地：通过线下完善的直播场地和直播环境，以及成熟的运营团队和操盘经验，不仅能为达人提供一站式管家服务，而且还能为品牌商家开展直播卖货提供稳定、优质的带货达人资源。

2. 达人数据诊断

在抖音电商罗盘中，有专门的工具化模块对合作达人的数据进行追踪，以帮助品牌评价达人合作的表现。商家可以通过达人转化率和单商品展现次数这两个核心指标对达人能力进行诊断,并逐步优化达人矩阵结构。

(1)达人的转化率

商家可以通过达人转化率对比同行业同层商家的平均转化率,从而判断达人和商品的匹配程度。对于转化率高的达人,无论其看播量级大小,都可以进行更多场次的直播尝试,商家需要与这部分达人建立更紧密的合作关系。对于转化率低的达人,可以先尝试更换合作产品、优化讲解话术、增加直播利益点等,如果达人的转化率表现仍然不高,可能是该达人的粉丝群体与商家不匹配。

(2)单商品展现次数

单商品展现次数可以帮助商家初步判断本场直播的流量表现,并思考是否应该给商品提供充足的展现机会。

根据达人的转化率和单商品展现次数这两个核心指标,可以将达人分为4种类型,分别是高匹配度的潜力达人、主力达人、发展中达人和高流量达人,如图3-21所示。

图3-21 达人矩阵中不同类型的达人

- 潜力达人:这类达人的转化率较高,但单商品展现次数较低,是未来抖音电商发展的潜力新星,商家可以密切关注这部分达人的直播表现,以判断未来是否需要加深合作。
- 主力达人:这类达人的转化率和单商品展现次数都很高,达人整体定位及粉丝画像与商家/品牌客群有较高匹配度,能够有效帮助商家快速实现生意增长,商家可以与这部分达人加强长期合作。
- 发展中达人:这类达人的转化率较低,但单商品展现次数较高,商家与达人可以相互协商,对直播节奏、话术、产品组合等维度进行调整,尝试提高转化率。
- 高流量达人:这类达人的转化率和单商品展现次数都比较低,商家与达人可以相互协商,调整选品策略,并改善直播话术、利益点等内容,尝试提升转化率。另外,商家也可在新品发布等宣传节点与这部分达人合作。

3.4.3 营销活动（Campaign）：规模销量的爆发场

电商大促、营销IP、行业活动等一系列营销活动的开展，赋予了抖音电商节日化、主题化的营销能力。借助各类营销活动，商家可以基于品牌宣发、新品发布、大促爆发等不同生意目标，为用户不断创造在抖音上消费的理由，并借助规模化的流量聚集效应，在短时间内引爆成交。因此，开展营销活动是商家借助平台资源快速成长的重要方式。

1. 多层次的平台营销活动

抖音电商平台的营销活动大致分为3类，分别是平台大促、营销IP活动和行业活动，如图3-22所示。

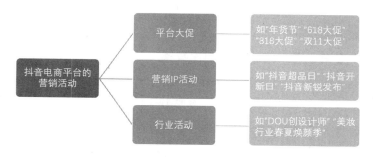

图3-22 抖音电商平台的营销活动

（1）平台大促

平台大促是指根据消费者耳熟能详的电商节点，集中平台和商家的力量开展大型营销活动，使各品牌店铺的销量能够呈现爆发式增长。常见的平台大促活动有"年货节""618大促""818大促""双11大促"。

（2）营销IP活动

抖音电商平台推出的各种营销IP活动，充分发挥了抖音营销的优势，既能为品牌商家创造"从种草到拔草"的品销合一营销场景，又能为用户提供消费新体验。抖音平台上常见的营销IP活动有"抖音超品日""抖音开新日""抖音新锐发布"。

- "抖音超品日"是行业头部品牌联手抖音电商共同打造的品牌专属营销日。
- "抖音开新日"是品牌商家联手抖音电商共同启动的品牌爆款新品首发仪式。
- "抖音新锐发布"是新锐品牌的专属定制营销活动，抖音电商与新锐品牌共同发布新消费、新趋势、新生活理念。

（3）行业活动

行业活动是指各行业品牌、商家及垂直类达人针对不同行业特色和场景，利用流量激励、共同宣发等活动资源开展的行业营销活动。这些活动往往具有鲜明的行业特色。例如，"DOU创设计师"活动是服饰行业为帮助原创设计师提升品牌知名度和销量而专门设置的活动；又如，"美妆行业春夏焕颜季"活动结合美妆上新的高频季，主打换季新品，为品牌获取新用户。

此外，为了重点扶持新品和好货，抖音电商还推出了"精选联盟带货王""新品主题活动""好货主题活动"等一系列平台主题活动。

2. 完整充分的筹备规划

为充分利用大促期间流量资源，商家需在事前合理规划直播的内容、商品组合、服务机制及投放计划，并根据直播的实时情况灵活应变，抓住机会促成销量爆发。通常，一场完整的营销活动分为4个阶段，如图3-23所示。

图3-23　抖音电商营销活动的4个阶段

（1）筹备期

在筹备期，商家可采用短视频和达人账号协同合作的方法，配合平台选择爆款商品，实现精准匹配营销。抖音电商可以借助内容推荐优势，为商家提供从货品选择到活动测试的全链路支持，全面有效地帮助商家选定优质爆款商品。

（2）预热期

在预热期，商家可通过账号的短视频和直播进行活动预告，并配合达人进行私域粉丝营销，全域透传活动信息，从而完成话题引爆、内容种草。同时，抖音电商平台的投放管理工具与流量扶持政策能更好地带动资源引导和精准触达。

（3）活动日

活动当日，商家可以通过开屏广告等营销工具，增强内容曝光，强化引流效果，多角度加热直播间。较强的品牌活动力度配合竞价流量的持续投放，可以有效提升各项直播指标，促成单场直播的销量爆发。

（4）返场期

在活动日之后，商家可以通过活动短视频片段持续种草，引流增粉，增强用户的品牌意识，为以后品牌的营销活动沉淀更多的潜在消费者。商家还可以借助抖音电商平台的一些数据产品对店铺积累的人群资产进行有效管理，实现用户的精细化运营。

3.4.4 头部大V（Top KOL）：品销双赢的宣发地

商家与明星、头部达人进行合作，可以帮助品牌实现品宣和销量的"双引爆"效果。明星和头部达人往往都拥有庞大的粉丝群体及强大的社会影响力。商家如果能借助他们强大的影响力和人设背书，制造热点营销事件，就能使品牌获得"品销双赢"的良好局面。

商家与明星、头部达人的具体合作方式，通常分为混场直播和专场直播两种。其中，混场直播是指商家将一款或几款商品植入明星或头部大V直播的坑位中，从而实现单个商品的销量爆发，通过长期将同一款商品进行混场植入，可以将该商品打造成平台内的"爆品"。专场直播是指商家邀请明星或头部大V针对本品牌进行的专场直播，在专场直播中不仅可以进行商品种草、带货，还可以进行品牌信息的传递。商家借助明星、头部达人的影响力，可以有效增强品牌的知名度和影响力。

例如，某护肤品牌与抖音平台上的头部大V合作开展"抖音超级品牌日"营销活动。为了使"抖音超级品牌日"活动能够实现销量爆发，该品牌的商家与该头部大V进行了长期多次的带货合作，测试出效果最好的合作单品，并提前一个月做好备货准备。在正式活动前，商家通过多条短视频配合广告投放，进行大范围的宣发预热，如图3-24所示。

图3-24　某护肤品牌与头部大V合作开展"抖音超级品牌日"活动的预热

3.5 如何组建抖音电商团队

要想在抖音这样的短视频平台上销售商品，组建一支高效的运营团队是必不可少的。抖音平台并非一个纯电商平台，所以，在该平台上组建电商团队必须符合平台的特质，加强短视频创作人员和直播人员的储备。

3.5.1 抖音电商团队的配置和分工

一个完整的抖音电商团队，是结合传统的电商运营团队，再加上短视频创作和直播方面的人员来组建的。所以，抖音电商团队的人员配置通常包括运营、客服、短视频创作、直播，如图3-25所示。

图3-25 抖音电商团队的人员配置

1. 运营岗位

无论是传统电商团队还是抖音电商团队，运营都是非常重要的一个岗位，它贯穿了电商经营的整个流程。运营人员需要了解平台规则、受众人群、店铺玩法，熟悉店铺商品并制定相应的营销计划，同时还需要负责短视频和直播上线后的推广引流及数据分析工作，对内容运营的策略方法及时进行优化改进。

2. 客服岗位

抖音电商团队中的客服岗位主要为客户提供各种售前、售中、售后服务。例如，售前、售中需要为客户解答各种购买问题，引导客户下单购买；售后需要处理客户的退换货事宜等。

3. 短视频创作岗位

抖音是短视频平台，所以短视频的策划与制作必然是电商运营和商品推广的重头戏。短视频创作岗位替代了传统电商团队中的策划、文案和美工等岗位。抖音电商团队中的短视频创作岗位还可以细分为编导、演员、拍摄及后期制作，这些岗位的具体工作内容如图 3-26 所示。

编导
- 短视频创作团队的总负责人，主要工作包括内容策划、脚本创作、统筹短视频的拍摄工作、挑选演员等

演员
- 根据角色需要和脚本内容出演短视频

拍摄
- 根据编导的安排，完成短视频拍摄任务

后期制作
- 为拍摄好的短视频添加字幕、制作后期声效、进行人物修饰、调试背景图，以及剪辑短视频成片

图3-26　短视频创作岗位的具体工作内容

4. 直播岗位

直播岗位是为了进行直播带货而设立的一些岗位，包括主播、主播助理和场控。这些岗位的具体工作内容如图 3-27 所示。

主播
- 工作内容主要包括展示商品、介绍商品、发放福利、与观众进行互动等

主播助理
- 工作内容主要包括协助配合主播的一切工作、帮助主播展示商品、进行商品的试穿试用等

场控
- 工作内容主要包括上下架商品、帮助主播发放优惠券、进行直播间灯光布置和气氛营造，同时还要协助主播进行促单

图3-27　直播岗位的具体工作内容

抖音电商团队的岗位分工虽然比较细，但商家可以根据自己的实际情况合理

安排岗位人数，灵活进行岗位分工。在抖音电商团队中，很多岗位的人员都可以同时兼任其他岗位的工作。例如，运营人员既负责店铺和抖音账号的运营，又负责直播的运营工作，同时短视频和直播的编导人员也可以由运营人员兼任。又如，短视频的演员也可以是直播岗位的主播或主播助理。

一般初创团队人数为 2~3 人，进阶团队人数为 4~10 人，高阶团队人数为 10 人以上。

3.5.2 抖音电商团队的建设和管理

绩效考核对于电商运营团队的建设和管理来说十分重要，它能够有效激励团队成员达成预期的营销目标，全面提升店铺的经营业绩和水平。不同的岗位由于工作重心不同，其绩效考核内容也会有所差别，下面以短视频运营岗位为例进行讲解。

绩效考核取决于考核对象的工作内容，通常大多数抖音电商团队中，运营人员既要承担编导的工作，又要负责短视频制作完成后的内容发布、用户管理和数据管理。短视频运营岗位的绩效考核主要分为两部分：关键绩效指标（KPI）和关键胜任能力指标（KCI），如图 3-28 所示。

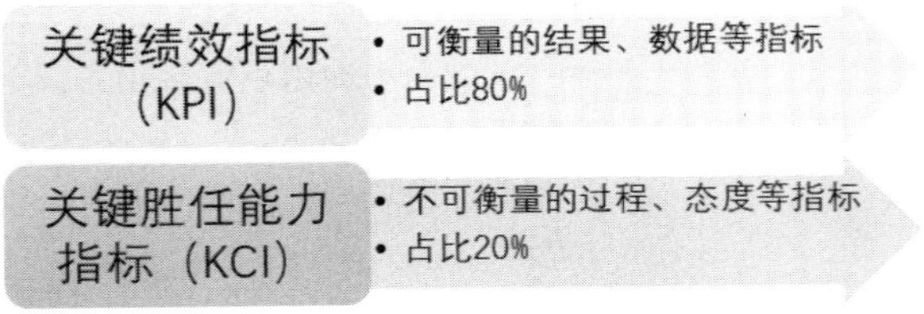

图 3-28　绩效考核指标

短视频运营岗位绩效考核表的具体内容如表 3-1 所示。

表 3-1　短视频运营岗位绩效考核表

指标类别	具体指标	总分值	权重	评分标准	完成值	实际得分
关键绩效指标（KPI）	制作数量	100 分	20%	（1）数量≥10 条，100 分 （2）5 条≤数量<10 条，80 分 （3）数量<5 条，0 分		

续表

指标类别	具体指标	总分值	权重	评分标准	完成值	实际得分
关键绩效指标（KPI）	播放量	100分	20%	（1）总播放量≥300万 （2）至少有3条短视频作品播放量≥10万 （达到以上2条要求，记100分；任意1条要求未达到，记80分）		
	粉丝数	100分	10%	（1）粉丝净增长量≥10万，100分 （2）粉丝净增长量<10万，80分		
	点赞数	100分	10%	（1）点赞总量≥10万 （2）至少3条点赞量≥1万 （达到以上2条要求，记100分；任意1条要求未达到，记80分）		
	评论数	100分	10%	（1）意见评价数≥100条，100分 （2）意见评价数<100条，80分		
	私信数	100分	10%	（1）意向咨询用户数≥50人，100分 （2）意向咨询用户数<50人，80分		
关键胜任能力指标（KCI）	基本素质	100分	10%	处理问题能力、沟通能力、执行力		
	日常纪律	100分	10%	出勤、提交工作报表		

具体的短视频运营岗位绩效考核指标，商家可以根据账号孵化的阶段来制订，抖音账号一般分为孵化期、运营期和变现期。另外，关键胜任能力指标（KCI）考核的是员工的工作态度，可由部门主管根据员工的表现灵活计分。

第4章

六脉神剑第二剑：爆品实战聚星塔模型

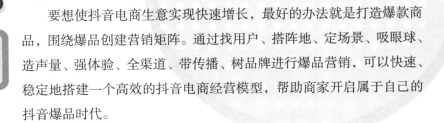

要想使抖音电商生意实现快速增长，最好的办法就是打造爆款商品，围绕爆品创建营销矩阵。通过找用户、搭阵地、定场景、吸眼球、造声量、强体验、全渠道、带传播、树品牌进行爆品营销，可以快速、稳定地搭建一个高效的抖音电商经营模型，帮助商家开启属于自己的抖音爆品时代。

4.1 月销千万的行业爆品案例

爆品是撬动抖音电商的绝佳武器，很多入局抖音电商的品牌商家都面临一个痛点，就是如何快速打造一个爆款，成功抢占消费者心智，赢得销售增长的窗口期。尤其是对于竞争日渐激烈的新消费赛道，新品牌层出不穷，借助抖音电商将新品快速打造为爆品，成为众多新消费品牌的重要诉求。下面我们就来看看近几年热门的新消费品牌——花西子，是如何利用抖音电商打造行业爆品的。

花西子作为一家新锐的彩妆类品牌，基于精准的目标用户画像，针对自己的爆款商品"散粉"，在抖音采用"组合拳"玩法，通过抖音短视频种草+抖音广告投放+矩阵化直播，对目标用户进行"饱和攻击"，高频触达用户，让用户在浏览短视频的过程中不知不觉就记住了品牌和品牌的爆款商品"散粉"。

在短视频种草方面，花西子曾在90天内投放了100多个账号，利用头部达人背书，撬动全网资源；并结合中腰部、尾部达人的投放，帮助品牌强化消费者认知，讲述产品的特色和价值，让消费者不断对产品产生好奇和认知，为转化打下基础。

在广告投放方面，花西子在重要节点前采用开屏投放+DOU投放+Feed投放，保证品牌及产品的曝光量。并且持续不断地往直播间注入流量，保证直播间在线人数和整体转化效率，使一场直播的GMV可以达到2000万元。

在直播方面，花西子采用的是品牌自播与达人直播相结合的模式，以品牌自播为主，达人直播为辅。花西子为了做好品牌自播，打造了2个抖音小店账号和5个蓝V账号，通过品牌自己的自播团队和外部的DP团队，交替进行直播。花西子打造的抖音矩阵账号如图4-1所示；其中一个账号的直播界面如图4-2所示。

品牌要想进行抖音直播，除了组建自播团队，也可以找外包的DP团队来进行店铺直播。DP（Douyin Partner）是指在抖音平台上协助商家做直播的代运营商，从主播、副播，到中台的运营、中控、投手，甚至抖店的客服都可以由DP代办。

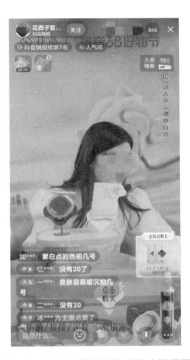

图4-1 花西子抖音矩阵账号　　图4-2 花西子某抖音账号的直播界面

4.2 聚星塔的爆品9步法

通过聚星塔模型进行爆品营销主要有9个步骤，分别是找用户、搭阵地、定场景、吸眼球、造声量、强体验、全渠道、带传播和树品牌，如图4-3所示。通过这9个步骤，不仅可以带动爆品的销量，还可以全面提升品牌的影响力。

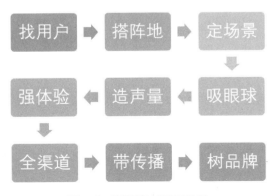

图4-3 聚星塔的爆品9步法

4.2.1 如何找用户

抖音电商平台为商家构建了一个全新的用户经营体系，商家需要用数据探寻和定位品牌与用户之间的关系。商家可以利用巨量引擎旗下的数据分析工具——巨量算数，对目标用户的人群画像进行分析。通过巨量算数平台中的"算数指数"版块，商家可以查看某一关键词的抖音指数、关联分析和人群画像。例如，搜索关键词"水杯"，可以在"人群画像"页面中查看该关键词内容消费人群的画像特征，包括地域分布、年龄分布、性别分布及用户兴趣等，部分内容如图4-4所示。

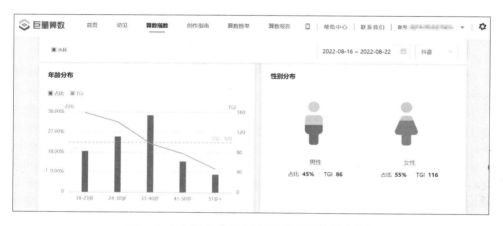

图4-4 巨量算数中"人群画像"页面的部分内容

> 内容消费人群是指对该关键词相关内容有观看、互动等行为的用户。

商家除了洞察和获取品牌的目标消费人群，还要学会沉淀和管理品牌的私有消费人群，实现品牌的精细化运营。通过对多个抖音品牌用户消费的过程进行调研和分析，我们发现在抖音平台上，用户在消费的各个阶段是呈现非线性无序流转的。因此，我们总结了一个"5A人群沉淀"模型，以帮助商家更好地理解和管理品牌与消费人群的关系，如图4-5所示。

图4-5 "5A人群沉淀"模型

- A1（感知）：这一阶段随着品牌广告曝光，用户通过短视频、直播等方式触达品牌。
- A2（好奇）：这一阶段用户会增加自己的观看时长，并产生进一步了解品牌的意图；例如，进入官方主页查看账号的其他短视频，并收藏相关的短视频或商品等。
- A3（询问）：这一阶段用户会主动搜索品牌，并发布与品牌相关问答内容。
- A4（行动）：这一阶段用户会产生购买行为，实现销售转化。
- A5（拥护）：这一阶段用户购买并使用商品后，如果对商品满意，就会成为该品牌的粉丝，针对该品牌发布的内容进行点赞和分享，或者发表非负向评论。

4.2.2 如何搭阵地

抖音品牌号（抖音企业号）对于商家来说，具有内容经营、营销转化、流量聚合、数据管理及互动聚粉作用，如图4-6所示。因此，商家创建抖音品牌号就是为了打造一个长效的品牌营销阵地。

图4-6 抖音品牌号的作用

抖音品牌号的阵地运营策略有三大要点，分别是"抖音范儿"、目标设定和账号定位。首先，品牌号要具有一定的"抖音范儿"，商家要善于挖掘抖音平台容易爆红的基因，将一些热门的视频形式、音乐、内容等运用于品牌号中；其次，品牌号一定要有明确的运营目标，具体的目标设定应包括场景展现、传播理念、粉丝积累和营销铺垫等内容；最后，商家需要根据品牌调性做好账号定位。

那么，如何才能将抖音品牌号的阵地运营策略运用到账号中呢？商家需要对账号主页进行合理布局，让更多的人了解和认识品牌。抖音品牌号内容呈现的重点主要包括账号头像和背景、话题聚合及品牌（商家）Tab，如图4-7所示。其中，账号头像和背景是指在账号主页顶部设置的官方视频或海报，用于展示品牌商品或企业形象；话题聚合是

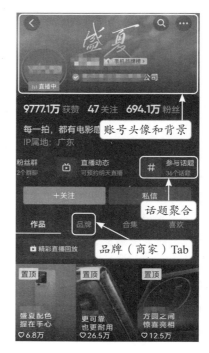

图4-7 某抖音品牌号的主页内容布局

指品牌方发起的话题的列表式呈现，通过话题内容聚合帮助新用户快速了解品牌；品牌（商家）Tab 是指商家为了整合品牌信息而设置的一个版块，该版块既可以展示商品列表、活动列表，也可以展示企业或品牌的专题故事，还可以展示品牌的关联账号。

4.2.3 如何定场景

抖音电商具有很强的品牌传播能力，商家需要将品牌场景化，才能更好地吸引用户的注意力，使用户对品牌产生信任和认同感。以直播卖货场景为例，常见的直播场景有4种，如图4-8所示。

图4-8 常见的直播场景

1. 直播间直播

直播间直播是指在商家根据品牌调性搭建的室内直播场景中进行直播，如图4-9所示。直播间直播的关键在于根据品牌调性和直播内容搭建相匹配的直播主

题背景，使用户产生代入感。例如，直播带货的商品以潮流服饰为主，那么直播间的场景布置就应该相对时尚、现代一些；直播带货的商品以食品为主，那么直播间的场景布置就应该接地气一些，多展现食品的感官体验。另外，直播间的场景要不断调整细节和装饰，通过增减一些装饰物和点缀物，让直播间持续保有新奇感，这样用户才不会产生审美疲劳。

图4-9 直播间直播场景

2. 卖场直播

卖场直播主要是指在线下的商场超市、门店、专柜、批发市场等场景中进行直播，如图 4-10 所示。卖场打造的场景氛围是独一无二的，主播可以通过"走播"的形式，展现众多档口不同商品的丰富程度，为用户营造新颖的现场购物体验。

3. 工厂直播

工厂直播一般是在商品的生产现场或仓库中进行直播，向用户展现商家供应链的实力，突出工厂源头发货，没有中间商赚取差价，让用户感觉到经济实惠，如图 4-11 所示。另外，工厂直播能够间接展示商品的生产或出仓场景，可以增强用户对直播商品的信任感。

图4-10 卖场直播场景

图4-11 工厂直播场景

4. 户外直播

直播卖货不局限于室内，在户外环境下同样可以进行直播卖货。户外直播常见于各种农副产品的直播。例如，向用户展示农副产品的种植、采摘等过程，以突出产品的新鲜度，如图4-12所示。近年来，户外直播配合抖音平台开展的各种助农活动，不仅为商品提供了更多曝光机会，同时也帮助农户、商家找到了新的销售途径，使用户在家享用各地美食的同时，也能参与到爱心助农的公益活动中，可谓一举多得。

图4-12 户外直播场景

在电商直播竞争加剧，直播间产品、模式同质化的当下，直播场景也在不断推陈出新。除了上述比较常见的直播场景，还出现了很多独具创意的直播场景，如某羽绒服品牌举办过一场雪山户外直播，并取得了非常不错的直播效果和销售业绩。

4.2.4 如何吸眼球

抖音本质上是一个短视频分享平台，丰富多样的短视频内容始终是抖音平台发展的核心。商家要想快速吸引用户的注意力，就需要在短视频的封面图、标题和开头部分下一番功夫。

1. 短视频的封面图和标题

抖音用户在观看短视频时，首先注意到的就是短视频作品的封面图和标题。所以，封面图和标题是吸引用户关注短视频作品最关键的因素，二者的好坏将对短视频的相关运营数据产生很大的影响。

封面图最大的作用在于提高短视频的点击量，设计一个"吸睛"的封面图通常应遵循4个原则，如图4-13所示。

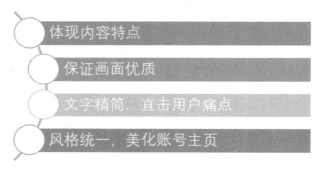

图4-13 设计封面图的4个原则

例如，某运动品牌抖音账号中部分作品的封面图，通过统一的标题排版和蓝色背景向用户展示直播间商品推荐的实况，既能加深用户对商品的印象，又能勾起用户进一步了解商品的兴趣，整体画面给人感觉也是简洁舒服的，如图4-14所示。

除了封面图，标题也是商家需要重点关注的内容。优秀的短视频标题往往能为整个作品增色不少，同时还能有效激发用户的观看热情，以提升短视频作品的点击量和完播率。

例如，抖音上某条情感类短视频作品的标题为"分手了，走不出来怎么办？"，如图4-15所示。该标题直击刚分手人群的痛点，很多真心相爱的恋人在分手之后都会非常痛苦、悲伤，想寻找疗愈心理创伤的方法，这些情感治愈类的短视频作品就很符合他们的需求。

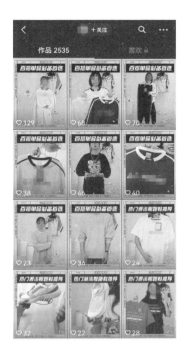

图4-14　某运动品牌抖音账号中部分作品的封面图

图4-15　某情感类短视频作品的标题

撰写短视频标题也需要掌握一定的技巧和方法，其要点如下。

- 文字表达要精简，能高度概括短视频的内容。
- 从用户角度出发拟定标题，充分考虑短视频内容能与用户产生什么联系，标题中尽量将用户的利益与短视频内容相结合。
- 留有悬念或小争议，引发用户的好奇心。
- 积极引导用户进行互动。

2. 短视频内容的"黄金3秒"理论

在短视频创作过程中有一个理论，叫作"黄金3秒"理论。"黄金3秒"理论是指，一条短视频能否吸引用户，主要取决于短视频内容的前面3秒。因此，短视频创作者一定要把握好短视频内容的前3秒，利用这"黄金3秒"清晰明了地点出短视频内容的主题，使整个视频在一开始就对用户产生极大的吸引力。

例如，某条零食种草类短视频作品，短视频开头创作者直接利用"开门见山"式的标题点明了短视频内容的主题，以吸引对该内容感兴趣的用户，紧接着创作者又通过倒序排名的方式吸引用户将该条短视频看完，如图4-16所示。

图4-16　某条零食种草类短视频作品的开头部分

4.2.5　如何造声量

声量简而言之就是指品牌被提及的次数，也可以理解为品牌的影响力。在当下这个碎片化的营销时代，各个品牌都需要通过矩阵式的传播来增强品牌传播的声量。在打造爆品的过程中，商家需要借助头部达人的影响力向用户"种草"商品，从而提升品牌声量。而头部达人则可以从抖音平台上的一些营销推广工具入手，帮助商家造声量。

1. 打造品牌"抖音挑战赛"，趣味互动激发全民参与

"抖音挑战赛"是以触发用户互动为核心价值的话题营销模式，鼓励用户按照品牌商要求拍摄短视频参赛。通常，品牌商在发起"抖音挑战赛"时，会设置一定的奖励，以吸引用户参与，从而增加品牌的曝光度。商家可以邀请抖音平台上的头部达人参加"抖音挑战赛"，在头部达人的带动和奖励的刺激下，用户参加"抖音挑战赛"的积极性会非常高，所以往往都能够起到引爆营销的效果。

例如，某牛奶品牌商家发起的"抖音挑战赛"，用户只要按照活动要求发布相关视频并添加活动话题，就能赢得奖品，如图 4-17 所示。

图4-17　某牛奶品牌商家发起的"抖音挑战赛"

2. "全民任务"激励加持，流量、现金奖励激发更多达人参与

"全民任务"是基于任务+激励的营销模式，它能充分调动用户参与品牌内容创作和内容互动，帮助商家通过互动正向构建用户关系。"全民任务"几乎没有门槛，对于账号的粉丝量和播放量没有要求，人人都可以参与。用户只要按要求完成拍摄任务，就有机会获得现金奖励、流量奖励或礼品奖励。因此，通过"全民任务"，商家可以进行品牌曝光，达人也可以赚取一定的广告费用。

用户参与"全民任务"的具体操作步骤如下。

第1步：打开抖音App后，进入自己的抖音账号主页中，点击右上方的三条横杠按钮，点击"创作者服务中心"按钮，如图4-18所示。

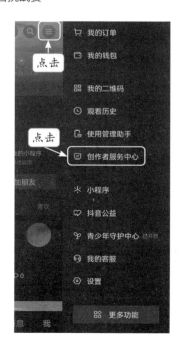

图4-18　点击"创作者服务中心"按钮

第2步：系统跳转至"创作者服务中心"页面，在"全部分类"的"内容变现"版块中点击"全民任务"按钮，如图4-19所示。

第3步：系统跳转至"全民任务"页面，在"任务列表"中查看各个任务，点击感兴趣的任务，如图4-20所示。

第4步：系统跳转至"任务详情"页面，查看任务奖励、任务玩法等内容后，点击"立即参与"按钮，如图4-21所示。

用户点击"立即参与"按钮后，根据要求拍摄并上传视频即可。当视频通过审核后，即有机会获得相应的平台奖励，用户可在"我的任务"中查看各个任务带来的收益。

图4-19　点击"全民任务"按钮　　图4-20　点击感兴趣的任务　　图4-21　点击"立即参与"按钮

 在审核方面，如果用户拍摄的视频存在抄袭、内容低俗、与任务要求无关等情况，平台方将会不予通过。

4.2.6　如何强体验

抖音电商平台为了给用户提供良好的消费体验，提升用户满意度，推出了完善的商家体验分评价体系。商家体验分覆盖消费者购物体验的各个环节，由商家近90天内的商品体验、物流体验及服务体验3个评分维度加权计算得出，是反映店铺综合能力的重要指标，也是消费者对店铺认可度的重要体现。

商家可以通过抖店后台的数据版块查看商家体验分，并与同行均值、数据趋势进行对比，诊断自家店铺生意的健康度，如图4-22所示。

图4-22　查看商家体验分

 商家体验分于每天中午12：00更新。

商家体验分的高低直接影响着商品的推广效果和达人的带货意愿。商家体验分越高，店铺的权重也就越高。2022年新版商家体验分构成指标如表4-1所示。

表4-1　2022年新版商家体验分构成指标

评分维度	权重占比	细分指标	指标定义	考核周期
商品体验	42.5%	商品基础分（部分标准）	商品基础分＝0.5×近90天商家所有在架商品画风达标率均值＋0.5×近90天商家所有在架商品导购信息达标率均值 （近90天单商品达标率均值＝近90天该商品在架考核达标天数÷近90天该商品在架考核天数）	近90天在架且有成交的商品数据
商品体验	42.5%	综合负向反馈率	综合负向反馈率＝近90天物流签收单中有负反馈的订单量÷近90天物流签收订单量 负反馈包括商品差评（取用户首次评价）、商品品质退货退款（取用户首次申请售后原因）、CCR（部分CCR标签）	近90天物流签收订单数据
物流体验	20%	揽收及时率	揽收及时率＝及时揽收订单量÷揽收订单总量 （及时揽收订单量是指订单揽收时间－订单支付时间＜X小时的订单量，分别考核24小时、24~36小时、36~48小时的及时揽收情况。预售订单、无须发货订单不参与计算）	近90天揽收订单数据
物流体验	20%	订单配送时长	订单配送时长＝全部签收订单配送时长÷签收订单量 （订单配送时长是指订单从物流揽收到物流签收所用的时长）	近90天物流签收订单数据
物流体验	20%	物流品退率	物流品退率＝支付订单在发货后14天内首次售后原因为物流问题退货退款订单量÷支付订单量	前15~104天物流品质退货数据
服务体验	37.5%	投诉率	投诉率＝店铺问题投诉量÷店铺支付订单量	前15~104天投诉数据
服务体验	37.5%	纠纷商责率	纠纷商责率＝售后申请完结的订单中判定为商家责任的售后仲裁单数÷总售后完结数	近90天售后完结订单数据
服务体验	37.5%	IM3分钟平均回复率	IM3分钟平均回复率＝3分钟内客服已回复会话量÷用户向人工客服发送会话量 （考核范围：发起时间在8：00：00—22：59：59期间的会话量）	近90天人工客服会话量
服务体验	37.5%	仅退款自主完结时长	仅退款自主完结时长＝仅退款的每条售后单等待商家操作时间总和÷对应售后单量 （等待商家操作时间为消费者申请退款到商家确认的时间）	近90天售后完结订单数据

续表

评分维度	权重占比	细分指标	指标定义	考核周期
服务体验	37.5%	退货退款自主完结时长	退货退款自主完结时长＝售后单里退货退款、换货的每条售后单中等待商家操作的时间总和÷对应的售后量 （等待商家操作时间为消费者申请退货到商家确认与商家退货物流签收到商家确认的时间之和）	近90天售后完结订单数据
		IM不满意率	IM不满意率＝近90天IM差评（1~3星）数÷近90天有评价IM数 （考核范围：发起时间在8：00：00—22：59：59期间的会话量）	近90天人工客服会话量

商家体验分为5分制，最低为3分。商家可以从选品能力、服务态度、物流速度和运营能力方面入手提升商家体验分。

（1）提升选品能力

在商家体验分中商品体验评分的权重最大。因此，商家一定要加强品控管理，提升自己的选品能力，从源头把控商品品质。好的商品是商家获得高评分的基础条件，选品时商家应注意选择有质量保证、高性价比，最好有一定知名度的商品。对于质量差、差评率高、退货率高及过时的商品，应立即下架。

另外，商家一定要客观地介绍商品，做到实物与描述相符，切不可为了销售业绩进行虚假宣传，以免用户收货后因商品与期待不符而给出差评。

（2）优化服务态度

客服人员直接对接消费者，因此客服人员的服务态度也是影响体验分的关键因素。商家需全程与消费者保持积极沟通，提高回复效率，做到售前咨询跟进及时、有效，增加购买可能；售中发货迅速，及时通知消费者发货信息；售后问题处理及时、合理，避免出现"有售卖没售后"的现象。

（3）提高物流速度

良好的物流体验也可以帮助商家快速提升体验分。商家一定要选择优质的物流公司来保证物流服务的稳定和高效，尽量做到极速发货。商品发出后及时告知用户物流动态，减少急需商品的用户的焦虑。

如果出现物流延迟的情况，一定要及时安抚用户的情绪，迅速核实相关物流情况，与物流企业沟通，尽可能地保证物流的时效性。如果出现商品在运输过程中丢失的情况，要及时向用户道歉，为用户退款或补发商品，通过沟通、补偿的方式避免用户给出差评。

（4）优化运营能力

除了货品、服务、物流方面的提升，优化店铺整体运营也可以增加商家体验分。例如，优化店铺运营流程，给用户提供更便捷高效的消费体验；开展运营活动，利用高性价比商品促销引导用户进行消费评价；对退货、投诉用户进行及时跟进维护等。

商家体验分作为达人带货的参考指标，以及平台合作与支持的参考值，被广泛应用于平台流量分发、货款结算、广告投放、活动提报、精选联盟准入等场景。商家体验分越高，相对应的流量加权、达人选品转化率、商家可参加的活动量也就越高，因此商家必须高度重视自己店铺的体验分，全面提升店铺的综合运营水平。

4.2.7 如何全渠道

抖音电商生态正逐渐从单一快速起量的平台，演化为带动全渠道增量的引擎。商家开通抖店后，不仅可以直接在抖音平台上销售商品，还可以在今日头条、西瓜视频、抖音火山版等渠道进行商品分享，实现商品渠道快速互通、流量覆盖与变现。下面将分别介绍今日头条、西瓜视频、抖音火山版等平台中的购物功能。

1. 今日头条：值点商城

在许多人的印象中，今日头条就是一个资讯平台。其实，今日头条除了提供资讯，还提供了一个购物渠道。在今日头条App的首页中，滑动顶部的菜单栏会看到一个"值点"选项，点击该选项便可进入今日头条的购物频道——值点商城，如图4-23所示。用户只需点击某个商品，便可进入该商品的详情页面购买商品，如图4-24所示。

商家在开通抖店后，可以同步绑定抖音账号和今日头条账号，在今日头条平台上通过微头条、视频、文章等多种方式展示曝光商品信息，在获取流量的同时直接进行商品销售。

图4-23 今日头条中的值点商城

图4-24 值点商城中的商品详情页面

2. 西瓜视频：放心购商城

西瓜视频是一个以视频内容推送为主的平台，商家可以将自己拍摄的视频发布到该平台，从而吸引平台用户，积累粉丝。在西瓜视频平台上，商家也可以开设自己的店铺进行商品销售。

西瓜视频的商城入口就在西瓜视频App首页，点击首页底部的"商城"按钮即可进入西瓜视频平台的商城页面，如图4-25所示。

3. 抖音火山版：火山铺子

抖音火山版同样也是抖音体系中的一个视频平台。在该平台，用户可以通过送出"火苗"的方式对作者创作的视频表示认同，而获得的"火苗"又可转变

图4-25 西瓜视频的商城页面

为火力值进行变现。也就是说,在抖音火山版平台上只要发布视频,便可以获得收益。

除此之外,创作者还可以在抖音火山版平台上开设自己的"火山铺子"销售商品。开设了"火山铺子"的账号,其主页中会出现"TA 的火山铺子"链接,如图 4-26 所示;用户只需点击该链接,便可进入其店铺中查看和购买商品,如图 4-27 所示。

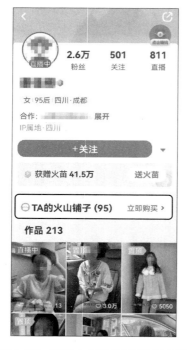

图 4-26　抖音火山版平台某账号主页

图 4-27　某账号的"火山铺子"

> **提示**　由于今日头条、西瓜视频、抖音火山版与抖音 App 同属抖音集团旗下产品,这些平台上的购物功能与抖音商城可以实现数据互通,用户可以在任意一个平台内进行内容获取和商品购买。

4.2.8　如何带传播

在抖音平台上,商家想要让自己的内容得到更大范围的传播有很多种方法,其中最简单有效的方法非"蹭热点"莫属,以下是 3 种常见的"蹭热点"形式。

第一种是热门音乐。在发布短视频作品时，BGM（背景音乐）的使用要恰到好处。BGM 好坏将直接影响短视频的播放量和流量，使用热门 BGM 能获取更多的流量。商家可以通过"抖音音乐榜"选择当下最热门的音乐作为短视频作品的BGM，如图 4-28 所示。

第二种是热点事件。为什么每个媒体人都在"蹭热点"？因为无论是视频、图文还是商品，好的热点都是最容易产生爆款的方式。"抖音热榜"是抖音平台衡量内容热度的重要榜单，商家在打造短视频作品时，就可以借助这些平台热点，使自己的短视频作品更具吸引力，如图 4-29 所示。但商家在选择热点的时候，必须结合自己的内容定位和"人设"来选择最适合自己的热点事件。如果随意蹭热点，只会让自己的账号内容显得很分散，账号标签也会很模糊。

图4-28　"抖音音乐榜"页面　　图4-29　"抖音热榜"页面

第三种是流行的拍摄形式。市场上有很多有创意的拍摄模板，一些模板可能会在达人推动后立即流行起来。商家可以结合自己的内容，借助抖音平台上的"特效道具"功能，制作有趣的创意短视频作品，如图 4-30 所示。

另外，通过在短视频文案中添加标签的形式，也能帮助商家获得更多流量，而且能让平台将自己的作品推荐给更精准的用户。

- 领域标签：领域话题就是根据短视频的内容，将其归类到一个大的领域中，如颜值类、萌宠类、科普类、旅游类等。每一个领域话题下发布的短视频作品都可以添加上该领域相关的标签。例如，颜值类作品中通常会带有"帅哥""美女"等颜值领域的标签。
- 内容标签：在整个大领域下，不同的内容又属于不同的小领域，所以还可以添加具体的短视频内容标签。例如，"帅哥"是一个大领域，具体又会分为"我的宝藏男孩""痞帅""少年感"等标签。
- 热点标签：可以根据上面"蹭热点"的方法添加相关热点标签或热门音乐标签。

图4-30 抖音平台上的部分"特效道具"

4.2.9 如何树品牌

很多品牌都将抖音视为自己的宣发阵地，想凭借抖音平台巨大的流量更好地进行品牌曝光和用户触达。但也有不少品牌在运营抖音账号的过程中，发现有的账号权重很低，初始推荐播放量少，有的账号初始推荐播放量则较多，甚至在内容相似的情况下，不同账号呈现出的数据相差甚远。这主要跟抖音流量推荐的不确定性有关，而打造抖音矩阵账号则可以通过创建多个抖音账号，来规避抖音推荐的不确定性。

除此之外，打造抖音矩阵账号的好处还有很多。例如，可以全方位地展现品牌特点，扩大品牌影响力；也可以借助形式链式传播进行内部引流，大幅度提升粉丝数量；还可以规避平台突然的限流或封号，保留资源与成果，降低单账号运营风险。

例如，华为公司以品牌为中心，在抖音平台上创建了"华为""华为终端""华为商城""华为5G"等多个账号，如图4-31所示。每个账号都拥有一定数量的粉丝，其主账号"华为"的粉丝量更是高达1839.1万，如图4-32所示。

图4-31　华为抖音矩阵

图4-32　华为抖音矩阵的主账号

同一品牌多个账号一起运营，无论是做品牌推广，还是吸引流量，都可以起到很好的作用。但需要注意的是，抖音矩阵账号中每一个账号都有自己的角色定位和目标人群，一个账号一个定位。例如，在华为抖音矩阵中，其主账号"华为"的账号定位主要是品牌宣传，而其他子账号则分管不同领域的短视频内容推广引流。

第5章
六脉神剑第三剑：打造个性化 IP 标签

在互联网领域，经常可以看到一些高人气 IP，凭自身的吸引力一夜之间火遍全网。个性鲜明的 IP 标签能够更好地帮助商家获取用户的信任，加深用户对品牌的记忆。因此，在抖音电商经营过程中，商家要塑造 IP 思维，努力打造个性化 IP 标签，提升品牌的影响力，促进成交转化。

5.1 认识IP

IP是一个网络流行语,随着互联网的发展引申出很多含义,大体是指仅凭自身的吸引力,在多个平台上获得流量,进行内容分发的现象。下面我们一起来看看到底什么是IP,它的重要性又体现在哪里。

5.1.1 什么是IP

IP(知识产权)是指通过智力创造所产生的专利权、著作权、版权和商标等。IP有许多类型,各个领域都存在IP。例如,大家熟悉的电影作品《哈利·波特》系列、《钢铁侠》系列、《蝙蝠侠》系列等就属于作品IP。而个人IP则是指某个人在他所属的专业领域具有强大的影响力和流量属性,如明星、网红、企业家、各领域的KOL(关键意见领袖)等都属于个人IP。这里主要介绍个人IP的打造。

个人IP是在打造自己的人设时,给用户树立一个明确的印象与标签,让用户能够在某个垂直领域对自己产生深刻信任,从而带来成交。个人IP主要有3个显著特征,即垂直领域、特定形象和共同认知,如图5-1所示。

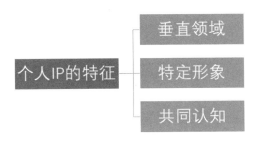

图5-1 个人IP的3个特征

1. 垂直领域

目前,我们在抖音平台上所看到的大部分个人IP都是深耕垂直领域的,因为这样才能最大限度地汇聚精准流量,增加后续成交转化的概率。

用户之所以愿意为某一IP付费,是因为他们信任这个IP。所以,IP与用户之间必须建立信任连接,也就是说IP本身必须有让用户信任的基础。要做到这一点,最简单、有效的方法就是集中输出垂直内容,潜移默化地影响用户,树立在某一领域中的权威形象。对于用户来说,获取需要的内容是建立连接的基础,用户向IP交付自己的关注,前提就是从IP那里获取了自己需要的内容,这样他们才会对

IP 付出持续性的关注。如果 IP 输出了非垂直的内容，那么就可能无法满足用户对于 IP 的期待，从而挫伤用户继续关注的动力。

对于平台来说，需要通过 IP 的标签来进行流量分配，垂直化的 IP 更容易让平台进行内容识别，从而分配更精准的流量，让账号的数据更加亮眼。

2. 特定形象

在塑造个人 IP 的形象时，可以粗浅地将形象类型划分为领袖型、专家型、伙伴型和分享型，如图 5-2 所示。每一种形象类型背后都有不同的运营方式和内容方向。

图5-2 个人IP的形象类型

（1）领袖型

领袖型 IP 是将自己塑造成一个领域的领袖形象，其落脚点在于"强背书"，即将 IP 具象为领袖形象的背书。这种类型的 IP 因为有"强背书"作为支撑，所以在内容方向上并不会受到局限，但是必须凸显自己在行业中的领袖地位。

例如，格力电器董事长董明珠女士凭借其强硬实干的性格，一举奠定了该品牌和她个人在空调行业的领军地位，在她的带领下该品牌的产品在市场上深受消费者喜爱。该品牌的抖音账号主页及部分短视频作品如图 5-3 所示。

如果要打造领袖型 IP，在进行内容运营时，商家就要不断提升品牌在用户心目中的领袖形象，将用户变成粉丝。把自己包装成用户心中想成为的那个人，才能保持用户对 IP 的关注。

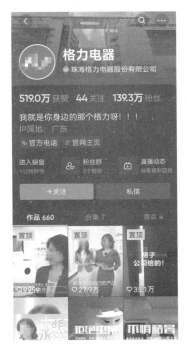 

图5-3 格力电器的抖音账号主页及部分短视频作品

（2）专家型

专家型IP也是各大平台中比较常见的一种个人IP类型，即将自己塑造成一个专家的形象。个人IP大部分都出自一些新生领域，并没有已经成型的标准和学术论作，更没有传统意义上的专家作为行业规则的制订者，这就给了个人IP充分的发展空间。也就是说，在很多新生领域，人人都有成为专家的可能，人人都可以塑造专家型IP。

例如，某健康科普类抖音账号，主播每次出镜都身穿白大褂，以专业的医生形象为用户科普健康方面的知识，如图5-4所示；另外，从该账号主页中也可以看到其主播身份认证为某医院的妇产科副主任医师，如图5-5所示。

塑造专家型IP时，要求背书和内容并重。专家型IP的粉丝关注账号是为了获取对于自身有价值的内容，只要账号能够为粉丝持续提供有价值的内容，就能赢得大量粉丝的关注。背书的作用在于专家型IP所涌现的领域都是新生领域，在粉丝心中并没有评定IP价值的标准。这时候就必须利用背书来佐证IP输出内容的价值，让粉丝相信IP有能力持续输出有价值的内容。

图5-4 某健康科普类短视频作品　　图5-5 账号的专业身份认证

（3）伙伴型

伙伴型 IP 的价值在于让用户感受到自己的真实性，在运营之初，商家需要把形象设计做到贴合大众。也就是 IP 本身代表的就是这个领域中有需求的群体，用户可以在 IP 身上找到自己的影子。

例如，抖音平台上比较受欢迎的萌宠类短视频大多塑造的就是伙伴型 IP。如今家中饲养宠物的人有很多，他们大多数将宠物视为自己的好朋友，而且利用宠物塑造的伙伴型 IP 呆萌可爱，很容易俘获用户芳心，如图5-6所示。

伙伴型 IP 的用户画像非常重要，商家需要根据精准的用户画像来确定 IP 的具体形象。如果 IP 跟粉丝群体不契合，就会造成粉丝心中的认知错位，这样一来他们自然对账号不会产生太大的兴趣。

伙伴型 IP 的运营根本在于成长见证和内容。这类 IP 并不需要任何形式的背书，因为 IP 本身的成长就是最好的背书，再加上 IP 本身就代表了粉丝群体，那么自然会让粉丝看到 IP 的价值。而内容是伙伴型 IP 的价值呈现，不仅要让粉丝看到 IP 的成长，还要让粉丝看到 IP 是如何成长的，这是粉丝对 IP 的期待。

图5-6 萌宠类短视频作品

（4）分享型

分享型IP是抖音平台上最简单的一种IP玩法，商家只需要持续地输出高质量的内容即可。例如，某科普类短视频账号几乎每天都会发布短视频作品分享一些科普小知识，其短视频内容生动有趣，获得了众多用户的关注和点赞。该账号主页及部分短视频作品如图5-7所示。

凡事有利必有弊，分享型IP的缺点在于很难形成高客单价，而且如果输出的内容缺乏新意，就很容易使用户失去观看兴趣。所以，在没有任何背书的情况下，大量输出有价值的、新颖的内容是分享型IP成长的唯一方法。

3. 共同认知

共同认知，简单来说就是塑造一个让大多数粉丝都认可的固定形象。形象的塑造并不是靠单纯的账号内容输出就可以完成，也需要通过IP联动、直播、其他媒体平台曝光等形式共同塑造IP的具体形象。

图5-7　某科普类短视频账号主页及部分短视频作品

例如，抖音平台上某音乐人除了定期发布短视频作品，还会在每晚9点与粉丝进行直播互动，而且主播在进行直播时会使用专门的特效将自己装扮成一个橘子的形象，长此以往便可形成粉丝对该IP的共同认知。该抖音账号主页及直播画面如图5-8所示。

上述的虽然也是内容，但是跟日常的内容运营并不是一个概念，如果内容把控能力不足，那么就容易使粉丝对IP形象产生动摇，甚至否定原本的IP形象。而且对于粉丝来说，各个粉丝之间存在着信息差异，如果没有足够的内容把控能力，就会让不同的粉丝对IP产生不同的认知。粉丝对于IP有不同的认知，那么粉丝为IP付费的转化模型就会不同，这也是有些账号数据很好但是变现困难的原因之一。粉丝对于IP的认知不同，使每一次转化所针对的粉丝群体只是其中的一部分，粉丝基数不大，成交量自然也就上不去。

图5-8 某抖音账号主页及直播画面

5.1.2 IP的重要性

IP拥有非常高的商业价值，不仅是连接内容和用户情感的纽带，还自带巨大的流量，能够有效增强用户的黏性和信任度。IP的重要性主要体现在4个方面，如图5-9所示。

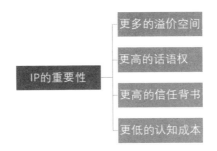

图5-9 IP的重要性

1. 更多的溢价空间

对于同样的产品和服务，拥有IP的品牌推广成本远低于没有IP的品牌；而且拥有 IP 的品牌的产品和服务的价格也比普通品牌更高，这意味着他们可以获取更多的利润。

IP 联名已经成为当下各界品牌最受用的市场行为之一，完美日记通过 IP 营销战略成为国产顶尖美妆品牌，喜茶通过品牌 IP 授权获得过亿营收，泡泡玛特靠着盲盒成为"潮玩第一股"。

例如，在服装行业，IP 联名已然成为一种必备的手段与潮流，很多服装品牌纷纷进行 IP 联名销售。太平鸟风尚男装（PEACEBIRD MEN）携手可口可乐（Coca-Cola）推出的联名产品，一经推出就受到众多潮人的好评，如图 5-10 所示。

图5-10　太平鸟与可口可乐的IP联名产品

服饰行业发展至今，商品本身的功能性卖点正在减弱，IP 联名能够打破商品同质化的困境，创造新的信息与价值增量。正因为如此，消费者愿意购买价格更高的有 IP 授权的商品。据天猫服饰数据显示，2020 年天猫服饰 IP 授权商品销售额同比增长达 60%；10 大 TOP IP 商品品类的价格，比同商家同类商品高出 70% 以上。

2. 更高的话语权

要想获得更高的商业价值，首先需要掌握自己在市场上的话语权。在这个竞争异常激烈的网络时代，用户愿意听你说话、愿意相信你，你才能更好地实现商业变现。而 IP 的存在，恰恰就能增加商家在市场上的话语权。只要商家对个人 IP

运营得当，就能将个人的商业价值转化为品牌的商业价值，品牌的商业价值慢慢凸显之后又会反过来提升个人的商业价值。

例如，某知名股权律师最初只是一个默默无闻的新人律师，但他多年坚持个人 IP 打造，在喜马拉雅平台上分享了 183 期节目，渐渐地就有很多人认识他了。后来这位律师不仅录制了很多音频节目、视频节目，还出版了几本图书。这时他不再需要过多的宣传，只需凭借自己在法律行业中的影响力就可以轻松吸引大量的粉丝。如今这位律师还打造了自己的抖音账号矩阵，仅其中一个抖音账号就拥有 2.9 万粉丝关注，如图 5-11 所示。

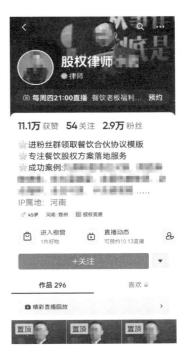

图5-11　某知名股权律师的抖音账号

3. 更高的信任背书

商业交易的本质是信任，拥有鲜明的个人 IP 往往更容易获得用户的信任。一旦解决了用户的信任问题，变现就会变得很简单。

例如，上面案例中的这位律师，起初并没有多少人认识他，但随着他坚持进行内容分享，逐渐在行业内有了知名度和影响力，也获得了很多用户的信任。他的很多粉丝都是在看过他分享的内容后，主动上门找他进行咨询的，甚至有些粉丝还会主动帮他进行宣传推广。

4. 更低的认知成本

IP 能大大缩短用户所需的认知过程，并且影响力范围不受限制。例如，一提到凉茶，大家就会想到王老吉、加多宝；一提到城堡、烟花秀，大家就会想到迪士尼乐园。所以，打造个人 IP 能够帮助商家有效提升自己的辨识度，让用户迅速完成对自己的认知，从而建立信任感，减少中间的沟通成本。

5.2　如何塑造IP标签

每个人都有机会成为 IP，IP 最重要的特征是能被别人记住，并产生信任。因此，打造个人IP最重要的步骤就是塑造一个清晰明确的IP标签，让用户能够记住自己，需要的时候能够想起自己。在抖音电商运营过程中，商家可以从以下4个方面入手提炼自己的IP标签。

5.2.1　从个人兴趣爱好中提炼IP标签

个人IP标签化，也可以说是一种自品牌的影响力。从个人IP打造的角度来分析，当一个人利用自身的一些兴趣和爱好，借助自传播渠道或他人传播渠道进行内容传播时，这个人就很容易被标签化，从而成为某个领域的KOL，形成自己的个人IP影响力。

当形成了个人IP标签后，一提起某种兴趣就会让人立刻联想到某一个人。例如，提起跑步这个话题，很多人会想起作家村上春树的书《当我谈跑步时我谈些什么》，如图5-12所示。

图5-12　《当我谈跑步时我谈些什么》

这本书主要讲述的是村上春树坚持跑步几十年，并通过跑步悟道人生的故事。其实，村上春树身上有很多标签，但在跑步这个领域中，他身体力行，通过这本书向读者传递跑步的好处和精神力量。这本书也深深地影响着很多跑步爱好者，之所以能有这么大的影响力，有一个关键的原因在于村上春树不仅是一名跑步者，更是一名作家，他可以借助书籍的出版让自己的兴趣被更多人知道，从而使一个普通的兴趣爱好得以大放异彩。

利用兴趣或爱好，可以更好地打造个人IP品牌。那么，具体如何利用兴趣爱好打造个人IP品牌呢？先通过兴趣爱好明确个人IP品牌的定位，然后通过各个平台进行相关的内容传播即可。例如，某商家准备销售篮球商品，就可以每天在抖音平台上发布关于篮球的短视频，吸引用户的关注。当然，商家也可以不断扩大推广渠道，同时在抖音、微信、微博等多个平台上进行内容传播，提升个人IP品牌的影响力。

5.2.2　从个人特长和能力中提炼IP标签

个人IP就是个人标签、"人设"的定位与塑造，强调的是专业精神、领域细分和精进修炼。因此，商家需要在某一垂直领域、目标市场细分的情况下展现自己的特长和能力，以提升自身的知名度和影响力。

打造个人IP，一定要有自己独特的个性风格，形成自己的个性化标签，这样才能最大限度地增强IP的辨识度。要想形成自己的个性化标签，商家可以根据自身情况加以巧妙设计，因地制宜发挥自身特长，展现自己与众不同的风采。

例如，曾经的武打电影三巨头成龙、李连杰和甄子丹，他们都有各自的特点、特长和风格特色。其中，成龙在影视作品中塑造的形象几乎都是一些小人物，武打风格诙谐幽默，总是奇招频出和巧奔妙逃；李连杰在影视作品中基本上都是以大英雄的形象出现，武打动作刚劲有力、十分潇洒；甄子丹则擅长近身肉搏和快拳快打，武打风格比较西式，但由于参与拍摄了电影《叶问》，他的武打风格其实是集中外武术精华于一身的。打造个人IP也要像这3位武打明星一样，通过原创形式展示自身的特长和风格，形成自己的独特体系，为受众留下深刻的印象。

在日常工作生活中，商家要多构思、多提炼、多总结，找到自身的优势和特长，然后将这些优势和特长加入自己的内容运营中，并进行巧妙的包装和设计。例如，某抖音账号的个人简介中就很清楚地介绍了这是一个短视频直播教学账号，账号的特长标签就是短视频教学，如图5-13所示。

5.2.3 从个人经验背景资源中提炼IP标签

IP的定位过程是对自己能力模型的一次深度审视，所以，一定要找到自己有相对优势或有背景资源的领域进行IP打造。

那么，IP运营者如何才能找到有相对优势的领域呢？最简单的方法就是从自己的职业或身份入手提炼IP标签。例如，英语老师可以通过教大家应对四六级考试来提炼IP标签，摄影师可以通过进行摄影教学来提炼IP标签，宝妈可以通过分享育儿经验来提炼IP标签，等等。当一个人在某一个领域做出一

图5-13 某抖音账号的个人简介

些成绩后，便能够以"过来人"的身份去传道授业解惑，从而成功塑造自己的IP标签。

例如，某新闻主持人凭借自己的个人经验在抖音平台上发布内容，为用户讲述时事热点、新闻故事，长此以往，她就形成了自己独特的IP标签，也就是每天讲述一个新闻故事。该新闻主持人的抖音账号主页及部分短视频作品如图5-14所示。

图5-14　某新闻主持人的抖音账号主页及部分短视频作品

5.2.4　从用户心理及需求中提炼IP标签

品牌的独特标签会让一个IP被人所熟知，同时在用户有需求时，也会优先想起这个的品牌。所以，塑造IP标签可以从用户的心理及需求入手，精准定位目标人群，然后根据粉丝画像，投其所好地进行内容创作，这样才能有效增强粉丝对账号的黏性和忠诚度。

通常，领域越垂直，粉丝画像越精确，抖音账号的价值和营利性也就越高。商家可以通过对用户需求进行调查分析，从用户提出的需求出发，找到用户内心真正渴望的内容，将其转化为服务需求，再分解到具体的解决方案中。

例如，抖音平台上某知名美妆博主的账号风格统一，内容垂直，而且粉丝人群定位精准，主要以年轻的女大学生、女白领为主。这部分粉丝的需求主要是掌握一些日常化淡妆及皮肤基础护理的知识。因此，该美妆博主的 IP 标签就是以邻家小姐姐形象教粉丝化妆。目前，该抖音账号已拥有 963.6 万粉丝，其发布的短视频作品点赞量也非常高，如图 5-15 所示。

图5-15 某知名美妆博主的抖音账号主页及部分短视频作品

5.3 如何打造IP

如果 IP 运营得当，商家和品牌在一定程度上可以获得更多附加价值，使其销售额实现快速增长。那么，如何才能打造一个强有力的 IP 呢？商家可以从以下 3 个方面入手进行 IP 打造，如图 5-16 所示。

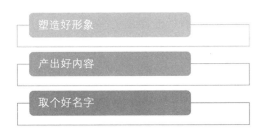

图5-16 打造IP

5.3.1 塑造好形象

打造 IP 的第一步就是找到自己的人物设定，即人物对外所展现的形象，包括人物的外在形象和内在性格。鲜明稳定的"人设"能够给用户留下深刻的印象，商家也可以借助"人设"形成自己独特的 IP 标签。

在进行账号"人设"定位时，商家需要思考 3 个关键问题："我是谁""我的优势是什么""我的差异化是什么"。我们把这 3 个问题称为"人设三问"，如图 5-17 所示。

图5-17　人设三问

（1）我是谁

这个问题很好理解，就是介绍自己的名字、职业、身份及地理位置等信息，给用户留下深刻的第一印象，让用户能够清楚地记住自己。最简单的做法是，将能够辨识自己身份的信息加入账号名中，如"营养专家可可""美妆达人小万""陕西面条王"，等等。

（2）我的优势是什么

这个问题对于账号的"人设"定位来说是一项加分项。商家需要将自身的一些优势罗列出来，如主播长得好看、具有一定的才艺、种草产品的能力很强等，通过突出的自身优势来俘获粉丝的心。

（3）我的差异化是什么

要想在众多抖音账号中脱颖而出，让粉丝关注自己，就必须要打造差异化的内容和体验。商家可以从视频人物的服饰、妆容、人格魅力、讲话方式及拍摄背景等方面来打造差异化，让粉丝感受账号的独特之处，加深粉丝对账号的记忆。

另外，商家在进行人物设定的同时，还需要充分考虑该账号定位所面向的主要受众人群，根据受众人群的需求来打造"人设"。账号"人设"一旦确立，就不能轻易改变了。长久地坚持才能在粉丝心中树立起一个稳定清晰的"人设"形象。

5.3.2 产出好内容

打造 IP 也就是打造势能，尤其是针对某一专业特长方向的势能。而势能的积累需要持续地产出优质的内容。因此，要想打造 IP，商家还需要搭建自己的内容体系。例如，抖音平台某美食教程类账号的博主从自身爱好出发，每天教用户制作一道家常菜，从该账号主页的简介中也能看到该账号每天都会更新一条作品，如图 5-18 所示。所以，持续产出优质的内容，是打造一个 IP 最关键的步骤。

短视频内容的制作是整个 IP 打造过程中最复杂、花费精力最多的一个环节。在策划优质的短视频内容时，商家应注意以下几个要点。

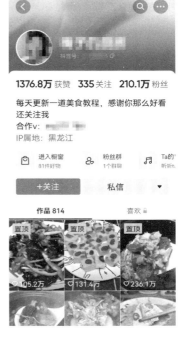

图5-18　某美食教程类账号的主页

（1）不要盲目"追热门"

很多商家为了增加短视频作品的曝光量，都会在短视频内容中植入当下的一些热点话题或热点事件。但在策划短视频内容时，并不建议商家盲目地"追热门"，要先考虑这个热点内容是否符合账号定位。如果热点内容与账号的定位不符，就很容易导致账号的内容风格紊乱，从而难以获取精准粉丝。

（2）内容不能脱离生活

短视频的内容创作要高于生活，太过稀松平常的内容往往难以引起用户的观看兴趣；但又不能完全脱离生活，不然会让用户感觉内容跟自己无关，难以产生共鸣。商家在策划短视频内容时，要精准把握目标群体的痛点，根据用户的需求创作优质的短视频内容。

（3）创新内容

抖音平台上那些独具创意的短视频作品，往往更能引起用户的关注和喜爱。虽然内容模仿在抖音平台上比较常见，但如果要打造个人 IP，仅仅依靠模仿是不够的，必须在内容中加入自己的创意，制作差异化的内容。

5.3.3 取个好名字

账号名字从一定程度上来说,是一个账号身份的象征,因为很多用户仅仅通过一个账号名字,就可以大致知道该账号的内容。好的 IP 一般都会取一个简洁有力的名字。例如,抖音平台上很多测评类账号,仅从账号的名字就可以看出这类账号的传播内容以产品测评和产品推荐为主,如图 5-19 所示。

图5-19 测评类账号的名字

商家为抖音账号设置一个符合账号身份定位的名字,不仅可以让用户快速了解账号所要传播的内容,还能有效加深用户对该账号的印象。

设置账号名字,要便于用户搜索和记忆,避免使用生僻词和复杂的词汇,可以在账号名字中加入关键词汇,这样既能提示用户账号运营的内容方向,又能增加账号被用户发现的概率。例如,抖音平台上一些电影解说类的账号,在账号名字中利用关键词"电影",直截了当地表明账号的主要创作内容,如图 5-20 所示。

图5-20　电影解说类账号的名字

另外,抖音平台上也有不少账号名字是直接用品牌名称、企业名称和个人姓名命名的,这类账号旨在直接告诉用户"我是谁"。当然也可以直接用"行业+人名"的方式来命名,这类账号对于后期植入广告和进行目标人群定位非常有帮助。

5.4　抖音电商的"人设"塑造

"人设"塑造,即IP形象的打造,它是抖音电商进行品牌营销宣传的重要环节。一旦商家拥有了属于自己的IP形象,就能很有效地提高品牌的商业价值和营销效果。那么,对于抖音电商商家而言,应该如何进行"人设"塑造呢?通常,商家可以从行业和产品两个角度入手来进行"人设"塑造。

5.4.1　如何从行业出发塑造IP

在这个"万物皆可IP"的时代,不论是企业还是公益协会,都在大力整合跨界资源,寻求打造一个独特IP形象,以提升自己在行业内的影响力。一个好的行业IP需要很多核心要素,但一定离不开3个关键点,如图5-21所示。

图5-21　塑造行业IP的3个关键点

例如，广州市玩具礼品协会官方IP——发条熊，如图5-22所示。该IP的创作团队将广州本土代表元素进行提炼，打造呆萌可爱、代表快乐与温暖的发条熊IP形象，让创意的IP为传统的玩具和礼品赋能。

图5-22　发条熊IP形象

（1）IP具有行业属性感

IP的创作团队以广州市玩具礼品协会Logo中绑着蝴蝶结的熊作为IP原型，如图5-23所示。同时，该IP还贴合玩具行业属性，以玩具经典的发条元素作为熊头顶的装饰，使发条熊具有行业属性感，如图5-24所示。

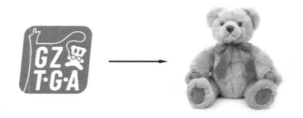

图5-23　从协会Logo中提取绑着蝴蝶结的熊作为IP原型

图5-24　以玩具经典的发条元素作为熊头顶的装饰

（2）IP 具有广州本土元素

广州市玩具礼品协会，不仅是拥有二十年历史的知名老牌行业协会，更是处在素有"花城"称号的广州。而木棉花是这座美好城市的市花，红红火火，有"英雄树"之美名。因此，发条熊胸前的蝴蝶结设计为木棉花形状，象征着蓬勃向上和生机勃勃，如图 5-25 所示。

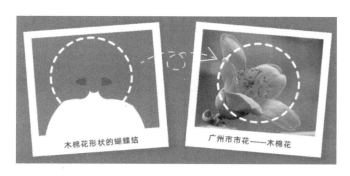

图5-25　发条熊胸前的蝴蝶结设计为木棉花形状

（3）IP 精简化

区别于传统熊形象，发条熊追求极致的精简化。鼻子设计为英文"TOY"（玩具）中字母 T 的形状，肚皮上的字母 G 巧妙融入，正好代表"GIFT"（礼物）和"TOY"。

5.4.2　如何从产品出发塑造IP

在抖音电商运营过程中，必然离不开产品与服务。在这个同质化严重的时代，怎样让我们的产品和服务快速被客户识别与接受就成了一个非常关键的问题。不少传统企业一直秉持产品思维，兢兢业业在产品方面下功夫。它们做事的态度固然令人敬佩，但效果却不甚理想，最主要的原因就是，在传统企业中产品思维并不是以用户为中心。反观一些新创的企业，它们也注重产品，但却换了一种方式，悄然地把切入口放在打造 IP 上面，围绕用户的需求和喜好来打造产品，最终实现了杠杆效应。

通过前面的内容我们知道 IP 可以是一个故事、一个角色、一首歌、一句话、一个概念，以及任何大量用户喜欢的事物。但无论 IP 以什么形式出现，它的本质都是连接产品与用户，它的核心都是用户。唯有引人关注、与人共情，让消费者产生亲切感、亲密感和认同感，才能形成互动和交流，并建立消费者忠诚度，最终形成企业或品牌口碑价值。

例如，很多年轻人其实并不喜欢喝白酒，但他们却是主打青春口号的白酒品牌"江小白"的主要消费群体。试问"江小白"的成功，真的是靠白酒这一产品吗？显然不是。年轻人买的不是这款酒本身，而是"江小白"这个IP背后承载的青春故事与特有情怀。"江小白"是一个IP，代表一款产品，更代表千千万万年轻人的缩影。抖音平台上江小白官方旗舰店的账号主页及部分短视频作品如图5-26所示。

图5-26　江小白官方旗舰店的抖音账号主页及部分短视频作品

产品本身是不具有传播能力的，特别是在泛娱乐时代，信息过剩导致消费者注意力稀缺。所以，用户关注的不仅是产品的功能和品质，还有产品背后承载的情感内容，也就是IP。IP可以一次次地被消费者加工生成内容，形成具有再传播能力的产品，从而更快、更准、更好地贴近用户。

第6章
六脉神剑第四剑：创作有趣、有价值的内容

在这个内容为王的时代，无论是电商商家还是自媒体运营者，都将内容运营放在第一位，尤其是在抖音这种以短视频内容为主要传播载体的平台。优质的短视频内容是吸引用户的核心要素，也是一个账号长期良好发展的基础。抖音商家要想利用短视频进行营销活动，并从中获利，就需要策划有趣、有价值的短视频内容，让更多的用户喜欢并关注自己的短视频作品。

6.1 抖音电商内容的三大特征

抖音本质上是一个短视频分享平台，因此，丰富多样的短视频内容始终是抖音平台发展的核心。抖音电商内容有三大特征，分别是 IP 人格化、内容生活化和形式兴趣化，如图 6-1 所示。

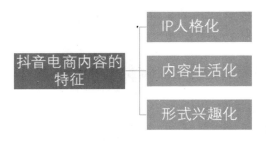

图6-1 抖音电商内容的三大特征

6.1.1 IP人格化：账号拟人画像，专属符号体系

IP 人格化，顾名思义就是将 IP 拟人化，使其具有人的情感和特点，从而引起受众的情感共鸣。随着消费升级，人们对商品功能层面的需求不再是第一位了，商品消费已经从纯粹的功能消费逐渐转换为精神需求及情感表达。IP 人格化可以帮助商家和品牌打造与用户之间的信任关系，拉近与用户之间的情感距离。所以，在抖音电商内容运营过程中对 IP 进行人格化塑造，打造品牌 IP 的人格魅力，就显得非常重要了。

例如，抖音账号"一禅小和尚"作为一个虚拟的人格化 IP 形象，短短两年时间就吸引了 4600 多万粉丝的关注，拥有 3.1 亿的点赞量。该人格化 IP 的核心是暖萌和治愈、唯美的中国风背景，以及一禅小和尚与师父关于情感、成长、人生的对话，戳中了当代青年内心隐秘的情感痛点。"一禅小和尚"抖音账号主页及部分短视频作品如图 6-2 所示。

实现 IP 人格化的核心在于以人为本，构建真实可共情的 IP 形象。通常，商家可以从视觉、语言、价值、人格和传播力五个方面来打造属于自己的 IP 形象，如图 6-3 所示。

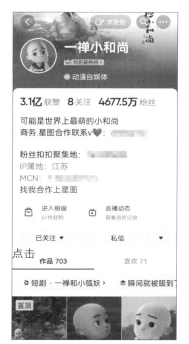

图6-2 "一禅小和尚"抖音账号主页及部分短视频作品

图6-3 实现IP人格化的五个方面

（1）视觉方面

拟人化的品牌Logo可以快速帮助商家实现IP的人格化视觉锚定。例如，白酒品牌"江小白"的品牌Logo是一个初入职场的卡通形象，茶饮品牌"喜茶"的品牌Logo是喝着茶饮的小孩，电器品牌"海尔兄弟"的品牌Logo是两个卡通男孩，这些经典的视觉形象都能让消费者对品牌加深印象。

（2）语言方面

在打造 IP 时，商家可以利用品牌广告语来引发用户的共鸣。例如，"为发烧而生""好空调，格力造""我们不生产水，我们只是大自然的搬运工"等广告语很好地触达消费者的情感，引发了他们的共鸣。

（3）价值方面

IP 要能够提供一定的价值才能增强自身的吸引力。这里的价值既可以是商业价值，也可以是社会价值。商业价值是指品牌能为消费者提供什么产品、什么服务，社会价值是指品牌能为社会提供什么样的价值。

（4）人格方面

品牌的人格是指品牌的价值观和信念，通常会在企业的品牌广告语中体现，通过请个性代言人或打造一系列营销事件，为品牌注入人格魅力。人格锚定将给予品牌更强的代入感，让消费者了解品牌的文化内涵，激发他们的消费欲望。

（5）传播力方面

品牌可以通过社群进行传播，这里的社群可以是品牌与品牌之间的联盟，也可以围绕消费者进行品牌社群的建立。与消费者互动可以加深他们对品牌的认知，提高用户黏性。

6.1.2 内容生活化：与粉丝建立信任，让人感同身受

抖音电商定义了"兴趣电商"的概念，即一种基于人们对美好生活的向往，满足用户潜在购物兴趣，提升消费者生活品质的电商。但抖音毕竟是一个内容平台（内容场），通过这个平台，商家可以获得丰富的流量；如果要更好地进行销售变现，商家还需要将这个内容场变成生活场，为用户提供更好的生活体验和生活概念。

随着多年的发展，抖音已经逐渐从一种娱乐方式变成了一种生活方式。抖音平台上的很多内容都是大众生活的缩影，生活化的内容呈现场景也很容易引发大众的情感共鸣，从而有效促进商品的销售。

例如，抖音平台上某以生活类题材为主的短视频账号，该账号博主用自己的人生经历来演绎当下年轻人对待爱情、生活的态度。在该账号的每一个作品中，用户都能看到自己的影子。该博主就像身边的长者一样，循循善诱地为大家讲解

人生道理，告诉大家怎样热爱生活、珍惜生活。该抖音账号主页及部分短视频作品如图6-4所示。

图6-4　某生活类抖音账号主页及部分短视频作品

6.1.3　形式兴趣化：生动、有趣、好玩，形象鲜明，不拘形式

抖音电商以视觉化商品内容为核心，聚焦商品的内容运营和兴趣内容推荐，以激发兴趣为出发点，呈现的是"货找人"的核心特点。因此，只有那些能够吸引用户注意力和兴趣的内容，才能激发他们的购物欲望。

抖音平台上的很多内容都属于陪伴式内容，让用户在消费时感觉不到时间的流逝，同时还能通过内容收获各种情绪上的满足，以及与朋友"分享资讯"来获得乐趣或认同。这些内容通常具有生动、有趣、好玩、形象鲜明及不拘形式等特点。

例如，抖音平台上某知名博主是一位土生土长的上海人，他专门用上海话拍摄各种搞笑的短视频作品。短视频中他还经常一人分饰十几个角色，在嬉笑怒骂间展现上海的历史文化、市井风情，并试图打破人们对上海的刻板印象。该账号就是凭借这些好玩、有趣的内容，赢得众多粉丝的喜爱，甚至有很多品牌方都主动与该账号进行广告合作。该抖音账号主页及部分短视频作品如图6-5所示。

图6-5 某抖音账号主页及部分短视频作品

6.2 抖音电商内容的4种形式

抖音电商内容的呈现是整个抖音电商运营过程中一个非常重要的闭环,只有优秀的内容才能更好地沉淀粉丝,提升商品销量。下面详细讲解抖音电商内容的4种形式,如图6-6所示。

6.2.1 种草渗透型内容

随着小红书背后"种草经济"的火热,以抖音为主的各大短视频平台也开始纷纷

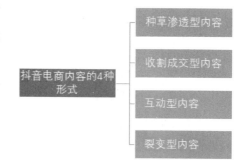

图6-6 抖音电商内容的4种形式

加码"种草经济",融合了"内容+带货"的种草类短视频也随之成为新的电商营销风口。那么什么是"种草"呢?"种草"是一个网络流行词,泛指把一件事物推荐给他人,让他人喜欢上这件事物的过程。在电商领域中,"草"字通常可以理解为长势很凶猛的购买欲;"种草"就是向他人宣传某种商品,以激发他人

购买欲望的行为。

在抖音电商中,"种草"就是发布关于某种商品类型的短视频作品,发布短视频和传播短视频的人就是播种人,而用户观看短视频并购买商品的行为则被称为"拔草"。下面总结了6种抖音电商中常见的种草渗透型短视频玩法。

1. 开箱种草

开箱种草是指通过开箱的方式向用户展示商品,制造惊喜氛围,激发用户的好奇心,从而刺激用户下单转化的过程。

开箱类的短视频内容在抖音平台上一直都很火爆,因为它能通过开箱这种方式营造惊喜的氛围,刺激用户"喜新"及"尝鲜"的心理,从而引导用户释放自己的购物欲望,完成种草。开箱类的短视频通常可以分为单品开箱和多品开箱两种玩法,分别如图6-7和图6-8所示。

图6-7　单品开箱短视频内容

图6-8　多品开箱短视频内容

2. 测评种草

测评种草是指达人亲自试用商品,向用户分享商品使用的体验和感受。在商品测评的过程中,直接通过镜头将商品的使用效果展示出来,真实性很高,并且可以全方位地向用户传递商品信息,所以,测评类短视频内容的可信度也非常高,可以更有效地促进"种草"转化。

达人可以通过测试多种同类商品，精准地分析和解读每种商品的体验感；也可以从使用场景和生活场景的痛点引入商品卖点。例如，小家电类目的电煮锅就可通过用这个锅煮东西或同品类使用测评突出商品卖点，如图6-9所示。

图6-9　某电煮锅商品的测评类短视频作品

3. 剧情式种草

剧情式种草就是利用生活中常见的情节及道具，根据自身风格及品牌诉求进行剧情编创及场景化演绎，适时植入商品信息，引导用户消费。这类短视频内容通常具有很强的带货潜力，但商品植入一定要足够自然，剧情要能引发用户共鸣。

例如，某短视频作品中讲述的是一位父亲去女儿工作的城市看望女儿，但女儿却因为工作繁忙无法好好陪自己的父亲，当父亲准备回去的时候，女儿拿出为父亲购买的某品牌羽绒服，并适时介绍这件羽绒服的卖点，希望能够借这件羽绒服让父亲感受自己对他的关爱，如图6-10所示。

图6-10 某剧情式种草类短视频作品

4. 混剪种草

混剪种草是指收集网上已有的视频素材或整理其他人推荐的商品进行二次加工剪辑,然后制作一个视频集合。混剪种草类短视频作品制作简单,不需要太多技巧,适合新手操作。例如,我们在抖音平台上常见的"10款自用不踩雷的儿童礼物推荐""分享10件家里都需要的小物件"等都属于混剪种草类短视频,如图6-11所示。

5. 知识分享种草

知识分享种草是指根据账号定位,分享该领域的专业性知识或技巧,在分享内容时植入商品信息,向用户种草商品,从而促进转化。知识分享种草这种玩法实用性强,内容黏性高,而且易于引起转发。从用户的角度来说,在知识分享类的内容中添加商品信息,更容易被用户接受。

例如,某知识分享类账号主要是分享一些绘画教程,偶尔也会在短视频作品中植入一些好用的绘画工具,帮助用户更好地掌握绘画技能,如图6-12所示。

图6-11 混剪种草类短视频作品

图6-12 某知识分享类账号的短视频作品

6. 书单种草

书单种草也就是通过短视频或图文形式进行图书商品种草。书单类账号的内容制作非常简单,尤其是图文形式的书单类账号,通常只需要几张图片,再配上相关的文案和音乐就可以了。例如,抖音平台上某书单类账号的部分作品内容如图 6-13 所示。

图6-13 某书单类账号的部分作品内容

6.2.2 收割成交型内容

收割成交型内容主要以一些团购套餐内容为主,这些内容往往自带成交属性。例如,抖音平台上有很多探店类的短视频作品,这些作品中通常会添加一些线下实体店推出的团购套餐,用户购买团购商品后可到线下实体店进行消费核销,如图 6-14 所示。

抖音团购是抖音平台开展的本地生活新业务,也是为本地商家提供的一种在线营销方式。商家将商品或服务以团购券的形式在抖音上推广,用户在抖音平台线上完成购买,到店进行消费核销。抖音团购业务主要适用于拥有线下实体门店的商家,它可以帮助商家实现从短视频、直播到用户购买的闭环,解决无法直接将浏览用户、粉丝转化为订单的困扰。

图6-14 探店类短视频作品中的团购套餐

申请开通抖音团购业务，商家需要先进行企业号（"蓝V"账号）认证。认证企业号的具体方法如下。

第1步：打开抖音App，通过账号主页进入"创作者服务中心"界面，点击该界面"通用能力"栏中的"官方认证"按钮，如图6-15所示。

第2步：进入"抖音官方认证"界面，点击"企业认证"按钮，如图6-16所示。

第3步：进入"开通企业号"界面，按要求上传营业执照，进行企业身份验证，填写认证信息并支付审核服务费，即可点亮"蓝V"，如图6-17所示。

图6-15 点击"官方认证"按钮

图6-16 点击"企业认证"按钮　　图6-17 "开通企业号"界面

完成企业号认证以后，商家就可以在"企业服务中心"中开通抖音团购功能了，具体的操作步骤如下。

第1步：打开抖音App，通过账号主页进入"企业服务中心"界面，点击该界面"变现能力"栏中的"团购带货"按钮。

第2步：进入"团购带货"界面，点击"申请开通"按钮，按照提示要求填写并上传相关资料。同意用户协议后进入审核阶段，审核时间为1个工作日。

第3步：审核通过后，再次进入"团购带货"界面会显示营销活动组件，依次点击"团购活动列表"→"创建团购"按钮，按照系统提示填写信息，提交审核。审核时间为1个工作日。

针对到店核销类订单，商家可在抖音账号后台的"团购带货"界面中点击"团购扫码核销"完成订单的核销。另外，在"团购带货"界面中还可以对团购活动进行管理，查看交易数据、核销明细，以及处理退款。

6.2.3 互动型内容

好的短视频内容往往自带话题和流量，能够引发用户积极参与评论和互动。例如，某装修企业在抖音平台上发布的短视频作品，为用户分享了一些简约实用的装修小知识。很多用户在装修房屋的时候都会遇到各种各样的问题。因此，这类短视频作品刚好能够满足这些用户的需求，引发他们的积极讨论，具有很强的互动性，如图6-18所示。

图6-18 互动性强的短视频作品示例

要想增强短视频内容的互动性，商家可以从以下几个方面入手进行优化。

（1）话题性

如果短视频内容本身就是当下大家在茶余饭后讨论的热点问题，那么该短视频作品一经发布，就必然会引发用户的热烈讨论，因为这种题材的短视频作品话题性非常强。例如，以某热门电视连续剧为题材创作的短视频作品话题性就很强，评论数也非常多，如图6-19所示。

（2）争议性

世界上很多事情都没有绝对的对错，人们对争议性事件总是会持有不同的看法。如果有人将争议话题放大，引导人们表达自己的立场，便很容易引发激烈的争论。在抖音平台上，也有很多带有争议性话题的短视频作品。例如，某短视频作品中提出了一个带有争议性的话题"老人带娃是应该的吗"，引发了用户展开激烈讨论，视频评论数高达 3.9 万，如图 6-20 所示。

图6-19　话题性较强的短视频作品

图6-20　争议性较强的短视频作品

（3）参与感

以互联网为媒介的事物都有一个共性，就是推进人与人之间的沟通交流，拉近人与人之间的关系。所以短视频运营者在运营短视频时，应该思考一个问题：短视频内容能否激发用户的参与感？

以粉丝和明星之间的关系为例，在传统媒体时代，没有互联网搭建沟通交流的桥梁，粉丝只能在报纸和电视上看到明星；但是在网络时代，尤其是在抖音这类新媒体平台出现以后，当明星在抖音平台上发布唱歌、跳舞的短视频作品后，粉丝就会在评论区写下评论，明星也会回复粉丝，这就是一种参与感。

（4）评论回评

个人创作者和抖音运营人员都要养成在评论区回复粉丝评论的好习惯，要让账号的粉丝知道短视频的作者是一个喜欢回复粉丝评论，愿意和粉丝亲近的人。如果作者能够认真阅读每一条评论，并给予相应的回复，就会让写评论的用户觉得自己为短视频写评论是值得的，从而激励他们更加热情地参与评论。

除此之外，如果短视频内容可以做到以下 3 点，用户也会很乐意为短视频写下评论。

- 短视频内容能引发粉丝的共鸣。
- 短视频内容能与用户的心理认知达成共识。
- 短视频内容能与用户的价值观保持一致。

6.2.4 裂变型内容

抖音作为当下热度最高的短视频平台，虽然能为商家提供一些流量基础，但抖音平台的内部流量分配比较固化。因此，商家想要获得更多的流量还需要从外界引入流量。如果商家发布的短视频作品能够被转发到其他平台，这些平台的用户只要点击链接，就会被引流到抖音平台，如此便能轻松完成外界引流。

裂变型内容是指能够吸引用户主动转发分享的内容，这些内容能够帮助商家吸引更多的用户，然后让用户形成裂变带来新流量。那么，什么样的内容能够刺激用户产生转发行为呢？通常，用户会基于以下几点对短视频作品进行转发。

（1）分享需求

分享需求也就是转化需求、分散需求。例如，一条关于孩子"早恋"问题的短视频作品如图 6-21 所示。该条短视频作品中阐述了如何正确看待孩子的"早恋"问题。观看这条短视频的用户想必大多数是正被孩子"早恋"问题所困扰的家长。如果他们认同这条短视频所表达的观点，就会积极转发这条短视频作品。

（2）分享快乐

所谓"独乐乐不如众乐乐"，人人都愿意分享快乐。将自己的快乐传递给身边人，这就是分享快乐。当看到一条十分搞笑的短视频时，相信有很多人第一时间就会将其分享给身边人，让他们也感受到同样的快乐。抖音上搞笑类短视频作品的转发量通常都比较高，如图 6-22 所示。

图6-21 一条关于孩子"早恋"问题的短视频作品

（3）共情表达

如果一条短视频作品传递的情感能够与用户的内心情感相契合，或者它能以文字或图像的形式准确地表述用户能够想到却表述不清的观点，用户就会转发该短视频，因为这条短视频实现了共情表达。例如，有一条短视频作品的主题是"爱得太满，物极必反"，这个主题可能与很多用户心中的想法相契合，所以不少用户在观看该条短视频后就会自然地转发到朋友圈，以此来表达自己心中的想法，如图6-23所示。

（4）正义传播

正义传播是指通过短视频内容传递整个社会的正能量。正义传播类的短视频内容主要包括寻人、寻物、寻找宠物、为好人好事点赞，以及弘扬社会正义等，如图6-24所示。正义传播类短视频的转发率通常都比较高，毕竟在社会中，大多数人都有正义感和同情心。

图6-22　某搞笑类短视频作品

图6-23　共情表达的短视频作品

图6-24　正义传播类的短视频作品

6.3 抖音电商优质内容关键要素

不管是什么类目的商家入驻抖音电商,优质的内容运营都是必不可少的。在抖音平台上,商家发布的内容越优质,吸引的用户就越多。那么,什么样的内容才算优质内容呢?优质内容又需要具备哪些要素呢?下面我们就一起来看看抖音电商优质内容的关键要素有哪些。

6.3.1 关键评估纬度

随着抖音电商的高速发展,电商创作者群体日益庞大,不断有兴趣电商新人涌入。抖音电商平台于2021年先后发布了《电商创作者管理总则》《电商内容创作规范》,以此来明确平台内容质量标准和创作者的交易主体责任。2022年3月14日抖音电商平台又发布了《电商优质内容说明书》,进一步对优质内容的质量标准及判断方式进行了充分说明,旨在帮助广大抖音电商商家提升经营效率,为用户提供更好的消费体验。

根据《电商优质内容说明书》,抖音电商内容质量标准分为6个维度,分别是声画质量、信息价值、直播交互(短视频只有5个维度,没有这个维度)、作者影响力、品牌价值及商品品质,如图6-25所示。其中,"声画质量"是基本门槛,"信息价值"和"直播交互"是核心维度,"作者影响力""品牌价值"和"商品品质"是加分项。

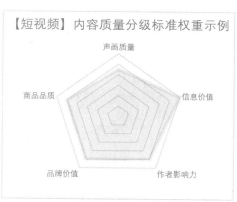

图6-25 抖音电商内容质量分级标准权重示例

抖音电商平台通过生态多元识别技术体系,结合数据模型及技术手段,对创作者发布的短视频和直播内容质量进行评级，并针对不同等级实行相应的激励和打压策略。根据上述标准，抖音电商内容质量整体分为优质、普通和低质三大类，具体的判断方法如下。

- 优质：内容在所有维度上的表现均为"好/正向"，则内容评级为优质。
- 普通：内容在任何维度上的表现没有"较差/负向"，但未达到优质标准的，则内容评级为普通。
- 低质：内容在任意一个维度上的表现为"较差/负向"，则内容评级为低质。

在进行优质内容质量判断时，抖音电商平台主要针对声画质量、信息价值、直播交互进行判断，具体的判断标准如图6-26所示。

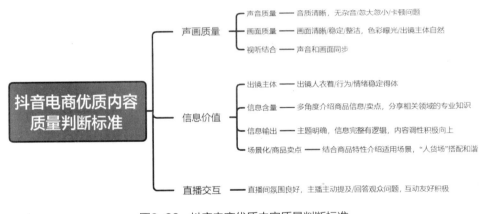

图6-26　抖音电商优质内容质量判断标准

在"信息价值"维度下有4个二级维度。其中，"出镜主体"主要考察出镜主体的专业度，"信息含量"主要考察内容的专业度、可读性和趣味性，"信息输出"主要考察内容本身所传达的价值观及脚本策划与制作，"场景化/商品卖点"主要考察内容的场景化介绍。在这4个二级维度中，"信息含量"的专业度、"信息输出"的脚本策划与制作、"场景化/商品卖点"的场景化介绍对GPM（每千次曝光产生的销售额）影响非常大，是商家在内容创作时需要重点关注的方面。

2022年3月28日，抖音电商正式启动"春雨计划"，并配合最新发布的《电商优质内容说明书》，向平台优质内容充分倾斜资源，为其提供更多的流量激励、权益保障和业务助力，以此鼓励商家和达人创作优质电商内容。

针对优质内容，抖音电商"春雨计划"首期就提供了200亿精品流量用于创作激励，同时设有荣誉认证、内容诊断、活动绿通、官方培训等专属权益，符合标准的创作者可以得到官方认证的"电商优质作者"称号，并在抖音App搜索中优先展示，从而提升优质内容的曝光度。

例如，某电视台主持人在辞职后加入抖音电商赛道，通过"亲子教育知识""女性的个人成长知识"等优质内容获得大量的粉丝关注，在图书和家居用品销售等方面取得了很好的业绩，其个人抖音账号通过"春雨计划"后被认证为"电商优质作者"账号。该创作者的个人账号主页和企业账号主页如图6-27所示。

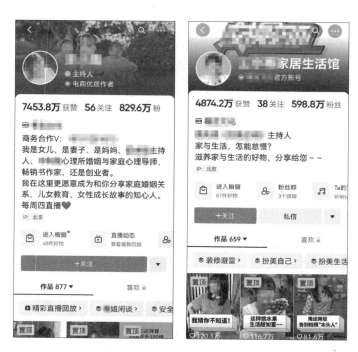

图6-27　某"电商优质作者"的个人账号主页和企业账号主页

6.3.2　关键内容模型

优质内容要有明确的规范，能够代表平台的立场和判断原则。因此，抖音电商平台于2021年10月13日发布了《电商内容创作规范》，从"真实""专业""可信""有趣"4个维度入手对创作内容进行规范，引导创作者（带货达人）不断向"真实客观描述，专业介绍商品，真诚互动交流，内容生动有趣"的方向努力，如图6-28所示。

图6-28 电商内容创作规范

- 真实：要求创作者客观、真实地向消费者展示商品的特点，让消费者所见即所得。
- 专业：要求创作者对商品了如指掌，可以针对商品进行深度讲解，传递专业领域文化，赋予内容和商品深层次的信息价值。
- 可信：要求创作者持续践行承诺，输出有价值的信息，推荐品质好货，沉淀消费者信赖。
- 有趣：要求创作者积极创作新颖、有趣的内容，满足消费者的多元喜好。

《电商内容创作规范》不仅确定了"真实、专业、可信、有趣"的优质内容创作规范，而且还对平台鼓励和不鼓励的电商内容做出了清晰界定，具体如表6-1所示。

表6-1 《电商内容创作规范》中平台鼓励和不鼓励的电商内容

维度	平台鼓励的电商内容	平台不鼓励的电商内容
真实	（1）源于生活的点滴，发自内心地表达自我的内容 （2）客观地介绍商品，用真实的使用体验展示商品特点的内容	（1）生搬硬套、强行植入的内容 （2）夸大、虚假的宣传，利用不实信息或危言耸听吸引眼球的内容

续表

维度	平台鼓励的电商内容	平台不鼓励的电商内容
专业	（1）分享专业性观点、商品介绍或展示（包括但不限于生产流程、工作原理、品牌历史、产品来源等），可持续向用户做正向输出的内容 （2）商品介绍详细、逻辑清晰、信息准确的内容 （3）声画清晰，主播穿着得体，布景环境与商品属性/行业契合的内容	（1）录播、挂机直播的内容 （2）音画质量差、商品和场景杂乱的内容 （3）以不符合主流价值观的内容推广商品的内容 （4）语言攻击消费者或用户的内容 （5）使用极限词对商品进行推广的内容 （6）单纯以低价作为卖点的内容 （7）商品介绍无实质性信息、讲解无意义的内容
可信	（1）达人、专业人士的好物推荐的内容 （2）言行合一，说到做到，互动、秒杀等推广营销行为与承诺一致的内容	（1）过度包装虚假"人设"的内容 （2）分享或售卖假货的内容 （3）利用虚假的承诺进行互动或销售的内容
有趣	（1）内容形式/互动环节等新颖生动，满足消费者多元观看需求的内容 （2）直播间互动氛围浓厚，主播积极与用户互动的内容	（1）同质化低成本创作的内容 （2）内容形式/互动形式无聊，易令人产生厌倦情绪的内容 （3）含有恐怖、血腥、恶心等引人不适的内容

提示　抖音电商平台鼓励和不鼓励的电商内容包括但不限于上述内容。

《电商内容创作规范》不仅能帮助创作者了解平台认可的内容创作要求，生产、发布优质内容，还能确保创作内容不涉及虚假宣传、低俗色情、不良价值观，以及其他不符合平台规则或违反法律、法规的安全底线的内容。

6.4　抖音电商内容策划

抖音电商运营的链路是通过内容将用户和商品连接起来，使用户在浏览内容信息、种草后能够直接在平台上完成商品购买。因此，商家必须通过大量优质的抖音电商内容去促进链路高效运转。通常，商家可以从产品、用户、营销3个维度策划抖音电商内容。

6.4.1 从产品维度策划内容

最基础的抖音电商内容就是从产品维度出发，将产品的卖点转化为短视频或直播内容，然后通过抖音平台展现给用户。那么，商家应该如何从产品维度出发策划内容呢？优秀的产品展示内容至少要具备以下三大要素，如图6-29所示。

图6-29 产品展示内容的三大要素

1. 体现产品的专业性

专业性是指产品在其使用领域的专业程度，是电商内容中需要体现的首要内容。体现产品的专业性就好比给用户带来一位专业的产品导购，导购会告诉用户该款产品好在哪里，现在购买有什么优势，使其更全面地了解产品。在产品展示类的短视频作品或直播中，主播会将产品的优势、优惠、体验感等全部表达出来。此时，主播既是导购，又是试用产品的消费者。所以，在介绍产品时，主播必须对产品的基本信息了如指掌，避免由于不够专业，导致用户对主播的信任感下降。

2. 体现产品的卖点

想要创作好的产品内容，一定要通过内容脚本中的细节将产品卖点提炼并展现出来，给予用户充分的选择这款产品的理由。在提炼产品卖点时，商家既可用传统方法展示产品卖点，如经久耐用、性价比高、适宜人群广等；也可以从自己与产品的关系出发，去建立信任背书，从而得到用户的认可。

3. 体现与用户的互动

在策划产品内容时，除了要体现产品的专业性和卖点，还要体现与用户的互动。尤其是很多理性的用户，仅仅凭借主播的讲述，仍然会对产品的优势存在一些疑惑。所以，商家可以通过与用户互动，让用户为产品和内容进行信任背书。例如，商家可以通过短视频或直播组织一些抽奖送产品的活动，让中奖的用户分享自己的使用感受，以此增强产品和内容的说服力。

6.4.2 从用户维度策划内容

用户是抖音电商变现的基础，所以很多聪明的商家会以用户为核心进行内容创作，以获得用户好感，同时增加自己账号的粉丝基数。

要想从用户维度出发策划抖音电商内容，需要先弄清楚用户想要的是什么。商家需要站在用户的角度思考：为什么"我"会关注一个账号？"我"希望通过这个账号的内容得到什么？其实，用户关注一个账号无非有三个原因：一是因为这个账号的内容能让用户感到开心、快乐；二是因为这个账号的内容能让用户产生新鲜感，看到一些平常身边不常见的事物；三是因为这个账号的内容对用户有用，能够给用户带来利益。这三个原因正是用户的核心诉求，商家只有满足了用户的这些诉求，用户才愿意关注账号，甚至购买账号推荐的商品。根据用户的这三个核心诉求，商家在创作抖音电商内容时应注意以下两个关键点。

1. 风格轻松或高级

用户在业余时间浏览短视频或观看直播，或多或少都会抱有改善心情的目的，商家应在内容策划中加入一些轻松、幽默的元素，可以让用户展颜一笑，增加对账号的好感度。

在抖音平台上，有一部分用户整日被生活的鸡零狗碎围绕，在日常的工作及生活中，总需要处理很多鸡毛蒜皮的事务与人际关系，而短视频和直播则成为他们净化精神的"桃花源"。这时如果给用户观看云南的雪山、大漠的落日、温馨有质感的生活Vlog、海子的诗，就可以让他们暂时忘却"眼前的苟且"，眺望"诗与远方"。

2. 解决用户的痛点

关注美妆类账号的用户，通常希望能学习更多美妆技巧，提升自己的化妆技术；关注生活技巧类账号的用户，通常希望能用一些方法让家里更整洁；关注办公软件教学类账号的用户，通常希望能提高办公效率，让工作更轻松。这些用户的希望，就是他们的痛点所在。商家应当有意识地针对不同领域的用户，策划能解决他们痛点的短视频作品。

例如，某美妆类账号发布的眼影教程短视频作品中，手把手教新手画眼影的方法，用户观看短视频后，根据短视频中教授的方法就能轻松画出一个美丽的眼妆，同时，短视频中还顺带推荐了一款好用的眼影商品，如图6-30所示。

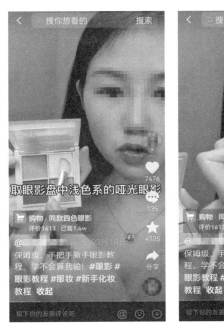

图6-30　某眼影教程短视频作品

6.4.3　从营销维度策划内容

从引流变现的角度来说，要吸引更多用户关注、转化，提升销售额，势必需要加入特定的营销活动，如赠送大额优惠券、免费抽奖等。商家在策划抖音电商内容时，既要考虑吸引力，又要考虑成本。此处借助策划活动的"5W2H"法则，说明营销策略类抖音电商内容应该如何创作。"5W2H"法则的主要内容如图6-31所示。

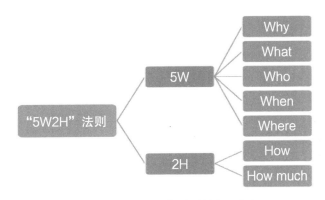

图6-31　"5W2H"法则的主要内容

- Why：可以理解为"为什么做"，只有在充分了解为什么策划活动后，才能明确下一步行动。大多数商家都是为了变现才进行内容策划，那么就明确了内容策划的终极目的是变现。
- What：可以理解为"要做什么事"，此处，宏观概念上商家做的事，是策划短视频内容或直播内容，以吸引粉丝、销售商品、实现变现；但在具体实践中，需要从微观概念考虑，即商家这次是想要销售 A 商品，具体形式是剧情类短视频。
- Who：可以理解为"谁去做"，包括谁负责去做、谁和谁配合。在创作营销内容时，商家需要选择合适的主播进行直播或拍摄短视频作品，同时还要在直播间或短视频作品中放出足够吸引用户的优惠券等。凡是与此次活动相关的人员，都要明确具体责任。
- When：可以理解为"什么时间"，是指何时开播或上传短视频能够第一时间获得更大的流量，或是借助某个热点尽快发布内容。
- Where：可以理解为"什么地点"，此处可以理解为平台，商家需要考量除了抖音平台，还可以从哪个平台中获取流量和销售额。
- How：可以理解为"如何做"，即用什么方法达到目的。例如，如果运用剧情类短视频的形式进行营销，那么脚本要如何策划才能达到更好的效果。
- How much：可以理解为"花费多少钱"，包括需要花费多少人力成本、制作成本和营销成本等。

在"5W2H"法则的要点提炼下，营销内容脚本的提纲已经出现了，剩下的工作就是按照这些要点，填充内容细节，结合商品进一步完善。商家在进行营销内容策划时，可以多采取几种不同的角度，争取做到既抓住粉丝痛点，又满足营销要求。

第 7 章
六脉神剑第五剑：商品策划与视觉设计

高品质的商品是消费者对商家建立信任的基石，只有好商品才能为商家带来高频复购及良好口碑，从而进一步带动生意高效增长。而且好商品也是好内容的前提，内容则是激发用户兴趣的源动力。除了优质的商品和内容，环境、氛围等因素也有可能刺激用户的消费兴趣，使他们产生购买行为。所以，抖音电商的商家和达人唯有以鲜活的创意、生动的场景，打造丰富多彩的商品内容，才能有效激发用户为兴趣消费，从而引领兴趣消费的热潮。

7.1 抖音电商的选品规则

内业常说:"想要做好电商,七分靠选品,三分靠运营。"不管是在哪个平台做电商,都离不开选品这个话题。下面详细介绍抖音电商的选品规则。

7.1.1 抖音电商选品的七大黄金原则

选品在抖音电商运营过程中占据着非常大的比重,要想提高店铺销量,商品的选择尤为重要。那么,商家到底应该如何选品呢?选品应遵循"新""奇""特""展""利""品""高"七大黄金原则。

- 新:指这款商品能给用户带来新鲜感,如一些比较少见的家居清洁用品。如果是生活中常见的商品,那么用户也没必要在短视频平台下单购买了。
- 奇:指这款商品要足够有创意,如放置在桌上不会倒下的汤勺等,这样的商品能给用户新奇感,更容易激发他们的购买欲望。
- 特:指商品具有同类商品所不具有的独特之处,甚至是颠覆人们的认知与常识的。
- 展:指这款商品适合以短视频、直播等形式进行展示,这样更方便商家打造展示场景。
- 利:指商品的利润,商家在选品时要尽可能围绕消费者诉求选择一些高客单价、高毛利的商品,这样才能保证自身的利润。
- 品:指商品的品质,如果一款商品评价非常差,势必会影响这款商品的销量,甚至还会对商家的信誉产生不良影响。
- 高:指商品为高频、刚需商品,是用户能在日常生活中用到的商品。如果商家选择销售某些使用频率很低的商品,那么即便商品十分优质,发布的内容也十分优质,也仍然很难获得较高的销量。

在选品方面,除了需要遵循这七大黄金原则,还有一个非常重要的中心原则,就是通过用户的人群画像进行选品。选品时,商家应对用户的人群画像进行深入分析,精确定位自己的目标消费人群,之后针对这一用户群体的具体特征进行选品。

7.1.2 不同类型的商品如何选款

抖音电商商品主要分为非标品和标品两大类。其中,非标品是指没有统一市场标准的商品，这类商品往往存在很多的款式或差异化功能，如服装、鞋包等商品；标品是指有明确规格、型号的商品，如手机、电脑等商品。这两类商品拥有不同的选款方式。

1. 非标品的选款

非标品类商品在抖音电商中所占比重非常大，是抖音平台上销售非常火爆的商品类型。非标品的选款大致可分为3种不同的方式，如图7-1所示。

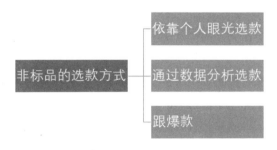

图7-1　非标品的选款方式

（1）依靠个人眼光选款

非标品的选款在最开始大多是依靠商家的时尚敏锐度进行选款和测款。很多经营非标品的商家，本身对服装、配饰、鞋包这类商品就有一定的了解，也积累了许多时尚方面的知识。在挑选商品时，他们有自己的一套逻辑，测款的商品往往都会取得不错的销售业绩。久而久之，他们的账号也能在竞争激烈的抖音电商市场中发展出独立的风格，并吸引一批忠实粉丝。

（2）通过数据分析选款

完全依靠商家的个人眼光对商品进行挑选，即便在短时间内获得了成功，在长期的运营中也有"翻车"的可能性。所以，许多商家都选择运用更加"科学"的方式进行选款，即通过数据进行选款。

商家可以通过抖音电商罗盘等数据分析工具对商品的市场行情进行分析，将热销商品的属性一一记录下来，从而锁定热卖的商品款式。例如，衣物的厚薄是常规的多还是薄款的多；穿着方式是套头的多还是开衫的多；材质是棉的多还是羊毛的多，等等。

在掌握热卖商品的属性后，如果店铺对应的用户群体需求比较大，销售目标比较高，就可以按照最高交易指数的属性进行相应的选款。选中符合这些属性的商品后，再去进行测款就可以了。

（3）跟爆款

对于新手商家而言，数据分析能力相对较弱，就可以采取"傻瓜式"选款方式，即根据爆款商品进行跟款。

很多新手商家会发现，自己店铺上架的商品与爆款商品一模一样，但是别人的商品能够卖得非常好，而自己无论如何测试，商品的点击率、收藏、加购等数据都不太理想。这是因为对手已经运营出一个成熟的爆款，其人群标签比较稳定，而自己这边却是新品，没有权重，没有销量，没有人群标签，所以才会出现测不到数据的情况。

那么，应当选择怎样的款式来进行跟款呢？答案是要选择一个上升曲线非常明显，但还没有完全火起来的商品。商家要对选择的这款商品有一定的把握，再去进行相应的成本投入和销量拉升，否则很容易因为长期看不到成效而失去信心，半途而废。

除此之外，选择跟款方式选款的商家还需要注意以下两点。

- 商品一定要有优势，如价格优势。选款时选择一些客单价相对较高，卖得非常好的单品，然后按照该商品款式生产类似的商品，最后以较低的价格出售，就很容易做成爆款商品。
- 更换商品图片。同样的商品款式，尽量不要与其他商家使用相同的商品图片，可以尝试换一种拍摄风格或拍摄角度制作商品图片。

2. 标品的选款

标品由于受到其商品属性的一些限制，选款方式并不多。如果商家选择跟款方式进行选款，那么在价格、销量、性能、品牌、外观、服务这几点中，一定要有1~2个点是比对手强的，否则，这样的跟款在市场竞争中无异于以卵击石。

如果商家具有一定的研发能力，那么可以在同质化的市场上尽可能去做一些升级，争取做到在价格相同的情况下，突出功能优势；在功能相同的情况下，突出性价比。

如果商家不具备研发能力，在遇见标品市场上的低价型商品时，不要盲目心动。标品领域中，很多商品类目的市场竞争都非常激烈。选择这类商品后，商家需要投入非常多的资金，但并不一定会获得预期的投资回报。如果遇见很大销量压制的竞品，没有绝对的资金实力也不要去做，因为同类目中销量榜首能压制第 2 名，是因为投入了巨大的心血，而排在前 5 名之外的商家，基本上处于"汤都喝不到"的状态。

7.2 抖音电商商品经营的4个阶段

抖音电商升级到"全域兴趣电商"后，将兴趣与带货相结合，赋予了品牌更多商品经营与人群经营的能力。商品经营包括搭建更多元的商品组合促成购买，以及通过抖音电商和巨量引擎的数据能力，帮助品牌测品和制订商品的推广策略。

根据商品的生命周期，可以将商家抖音电商商品经营分为 4 个阶段，如图 7-2 所示。商家需要在不同的商品经营阶段提供相应的经营策略和商品支持。

图7-2　抖音电商商品经营的4个阶段

7.2.1　商品孵化期

商品孵化期也就是选品期，在这个阶段商家需要提前洞察内容消费趋势，锁定细分趋势品类，挖掘趋势商品属性，综合判断出有爆款潜力的商品，从而实现精准布局。选品具体分以下 3 步进行，如图 7-3 所示。

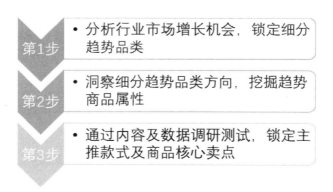

图7-3　商品孵化期选品的3大步骤

第1步：在选品时，商家首先需要洞察内容消费趋势，然后结合行业市场趋势表现进行分析，最后锁定明确的细分趋势品类。

第2步：在细分品类下，借助抖音电商罗盘工具，通过商品的成交和增速表现挖掘商品趋势；通过内容供需热度分析和商品供需热度分析识别该商品的市场机会；通过搜索词和内容词分析，锁定细分品类下的商品卖点。这一系列的数据分析工作都能够为商家的商品调整策略和内容传播策略提供指导意见。

第3步：商品孵化期的最后一步就是确定主推款式及商品核心卖点，具体有两种方式：一种是结合趋势品类和趋势商品属性，通过短视频内容和直播内容综合测试商品款式和核心卖点；另一种是借助抖音电商罗盘工具，通过问卷测试和PK测款对主推款和商品核心卖点进一步进行校准。

7.2.2 商品启动期

"兴趣电商"升级为"全域兴趣电商"，在此前"货找人"的逻辑上，加入了"人找货"的逻辑，形成了更完整的双向消费链路。在"全域兴趣电商"阶段，品牌内容经营维度全面升级，从原来的"内容场"延伸到现在的"内容场＋中心场＋营销场"，使商家不仅可以利用抖音电商进行内容经营，还可以将抖音电商作为品牌今后的"经营主阵地"。在这三大场景中，商家要积极做好商品的基础运营工作，为商品爆发做准备。

1. 内容场：有效种草，结合商品卖点打造多元内容

以短视频和直播为核心的"内容场"在进行商品运营时，需要根据商品孵化期的分析结论，结合主推商品款式、商品推广的核心触达人群、商品的核心卖点等，制作类型丰富的品牌短视频，优化品牌直播间，并沉淀品牌优质达人库，持续输出好内容。

（1）品牌短视频种草

制作种草短视频，商家需要结合商品卖点，将商品融入具体的使用场景中，通过不同视角的场景化内容清晰呈现商品特色，让用户记住商品的卖点，从而激发用户购买兴趣。例如，某户外品牌针对旗下一款户外折叠椅商品制作的种草短视频作品，就专门选择在户外向用户展示该商品的卖点，促使用户对该商品与使用场景进行联系，加深他们对商品卖点的记忆，如图7-4所示。

 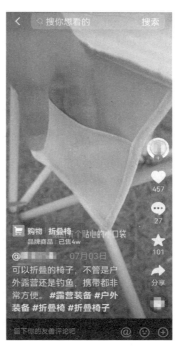

图7-4　某户外折叠椅商品的种草短视频作品

在商品启动期商家可以多发布一些优质的短视频内容，并对播放量、互动量数据表现好的短视频内容进行复刻，为商品爆发期储存优质短视频内容。在短视频内容创作上，商家可借助抖音电商罗盘·策略工具对内容情节、场景、类型、卖点、音乐等进行拆解分析，结合创作建议，全面优化短视频质量。

（2）品牌直播间引导加购和转化

直播前，商家需要提前准备好商品种草内容；直播中，主播通过口播和使用场景展示的方式介绍商品，引发用户共鸣，并及时解答评论区留言提问，适时引导用户加购和转化；直播后，商家需要根据直播数据反馈，不断优化迭代直播间内容。

（3）达人矩阵助力商品破圈

商家需要结合商品特性及商品推广的核心人群画像筛选合作达人：前期核心

筛选优质垂直类达人，深度解读商品卖点，增加用户对商品的认可和信任；后期再逐步扩展达人类型，带动商品破圈和转化。

达人矩阵可以帮助商家完成商品种草的冷启动。因此，在合作一段时间后，商家可以根据达人内容质量和合作数据反馈搭建品牌优质达人库。

2. 中心场：做好基础运营，承接种草转化

"中心场"主要是指抖音电商内的商城和搜索等场景，它承接了"人找货"的需求场景。"中心场"的商品运营和传统电商平台一样，要做好以下3个关键点，如图7-5所示。

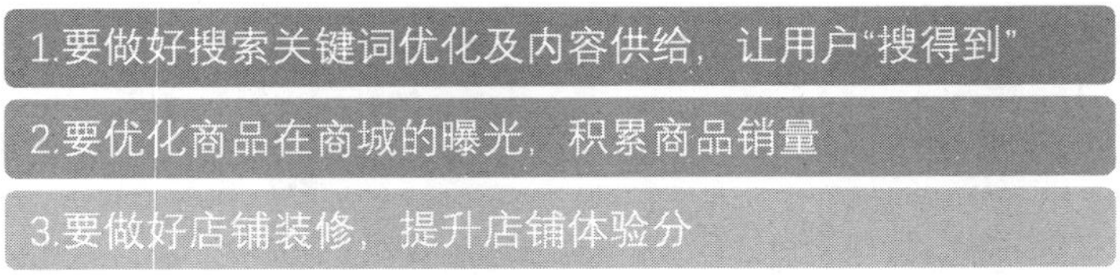

1.要做好搜索关键词优化及内容供给，让用户"搜得到"

2.要优化商品在商城的曝光，积累商品销量

3.要做好店铺装修，提升店铺体验分

图7-5 "中心场"的商品运营

丰富的内容是做好搜索的基础，在抖音平台上，用户可以搜索到的内容一般分为3种，即短视频、直播间和商品卡。为了保证用户"搜得到"，在短视频方面，商家需要结合用户需求制作丰富的短视频内容；在直播间方面，商家需要稳定开播，提升开播频次；在商品卡方面，商家需要提供稳定的商品链接和清晰的商品详情页图文介绍。

提示　　商品卡是一种可在抖音关注流中直接分发的商品形态，它可以帮助商家多维度展示商品，使用户可以全方位了解商品并购买商品。简单地说，商品卡就是抖音电商平台上除短视频和直播外的流量渠道，包括从店铺橱窗、搜索、抖音商城、商品推荐等渠道获取的流量。抖音商城主页和搜索页面的商品卡展现如图7-6所示。

在优化搜索结果上，商家需要不断优化搜索关键词，覆盖更多商品卖点关键词，并提升与品类热搜词的关联度。同时，还要提升内容质量，提升内容封面吸引力，提升商家体验分，并积极参与平台活动，以便更好地优化搜索结果。除此之外，商家还可通过搜索广告提升用户触达。

图7-6 抖音商城主页和搜索页面的商品卡展现

优化商品的各项指标,可以促进商品获得更多的曝光和转化。以下3项指标的优化,能有效提升商品曝光机会。

- 优化商品质量:商家需要完善商品基础信息,让商品基础分达到100分;同时,还要优化商品详情页展示,保证商品上架状态和价格的稳定。
- 提升转化效率:商家需要结合商品卖点,优化商品主图及标题,提升用户点击率。
- 提升购物体验:保证商品没有严重投诉、差评、品质退货等问题,并加强售后服务,持续提升用户好评率。

做好店铺装修和美化页面效果可以有效提升店铺形象。商家可以在店铺首页设置商品专属海报置顶展示,最大限度展示商品信息,促成成交;也可以采用营销组件,显示店铺新人券,起到快速拉新、拉停留的作用。另外,商家还需要从商品体验、物流体验、服务体验3个维度,提升店铺体验分,保证体验分达到4.8分以上,为后期报名营销活动、营销IP做好准备。

3. 营销场：广告投放测试，快速积累人群标签

"营销场"主要是指抖音电商的一些官方活动，包括营销活动（全年平台活动和行业活动，如大促节点、日常节日等）和营销IP（平台IP，如"抖音电商超级品牌日"等；行业IP，如"抖in宝贝计划"等）。

参加抖音电商平台组织的各类营销活动时，商家可通过广告投放圈选目标人群，帮助账号快速积累人群标签。同时结合商品卖点，测试不同素材方向，围绕优质素材类型进行内容迭代优化，为爆发期提前储备优质广告素材。

7.2.3 商品爆发期

在商品爆发期，需要全场域协同，制订爆品营销策略。因此，"内容场""中心场""营销场"每一个场景都将在这个商品运营过程中发挥重要作用。

1. 内容场：结合FACT矩阵，围绕核心人群和核心卖点创作优质内容

品牌优质短视频内容对商品进行种草的同时，可以通过短视频挂购物车的方式引导用户直接下单购买商品。品牌自播时可以结合直播间货品、优惠力度、主题活动、头部达人及明星空降等内容要点，突出直播间吸引力，为直播间强势引流。商家需要做好直播流量承接，实时关注直播间数据变化，适时优化主播话术和直播间商品的排列布置。

在进行品牌自播的同时，结合品牌调性和商品核心人群画像，匹配合适的头部达人或明星，通过头部达人或明星影响力，快速带动商品销量的爆发性增长，为商品强势背书。另外，还要借助平台营销活动和营销IP，获得规模化的流量聚集，促成短时间、高成单的集中交易引爆。

2. 中心场：承接"内容场"种草，满足用户主动"逛""搜"的全链路需求

"内容场"和"中心场"的高效联动，可以进一步缩短用户从"种草"到"拔草"的链路，为商品爆发"加码"。目前，"内容场"与"中心场"联动的主要路径有以下3条。

- 路径1：通过短视频挂载店铺入口，将用户直接引流入店。充分撬动了短视频的曝光能力，为店铺访客打开流量入口，将商品在店铺首页突出展示，承接用户转化。
- 路径2：通过短视频标题、评论区、底部栏等引导用户搜索，帮助用户进一步了解商品相关信息。在用户浏览内容的过程中，对用户进行引导，逐步

加深他们的购物兴趣，进而提升商品的购买转化。
- 路径3：通过直播间口播、指示器等引导用户进入商城频道，让用户能够看到更多商品和活动信息，聚集人气的同时加强用户的购物心智，促成更大的生意爆发。

另外，商家还可以积极参与商城频道活动。通过爆款补贴、限时秒杀、品牌馆、精选直播等丰富的商城场景为店铺引流，强化用户购物心智，提升商品转化。

3. 营销场：通过营销广告、营销活动、营销IP，加速商品爆发

借助品牌广告、内容IP、搜索广告、巨量星图、巨量千川等营销产品工具，结合营销活动与营销IP，可以帮助商家实现商品的加速增长。商家可以通过品牌广告、内容IP、挑战赛等营销资源扩大品牌声量，并为商品爆发积累更多兴趣人群。

商家投放广告时，可充分利用商品启动期积累的人群标签和优质广告素材，为自己带来更多精准人群，进一步放大经营效果。

7.2.4 商品续销期

商品续销期需要以爆品带动店铺的销售长期保持稳定增长。所以，商家在这个阶段需要做好三点：一是丰富货品供给，提升爆款商品连带率；二是做好"中心场"承接，带动更多商品销售；三是优化用户运营，提升用户黏性与复购率，如图7-7所示。

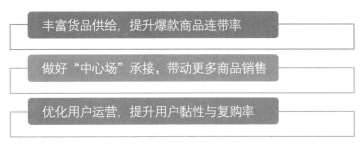

图7-7　商品续销期的运营要点

1. 丰富货品供给，提升爆款商品连带率

爆款商品能够成为用户自发讨论的热点话题，结合爆款商品创作内容能为品牌短视频、直播间及店铺带来更多的流量。同时，爆款商品也能撬动更多达人与品牌合作，源源不断地为品牌创作好内容。因此，商家需提供丰富的货品供给，

以提升爆款商品的连带率。通过爆款商品带动货品的组合销售，从而提高店铺的整体客单价。

2. 做好"中心场"承接，带动更多商品销售

要想提升用户的进店转化，商家需要做好搜索、商城、店铺等"中心场"流量的承接工作，满足新用户及复购老用户的购买需求。同时，还要进一步优化店铺装修，通过个性化组件及商品基础信息的不断优化提升店铺的流量承接和商品转化能力。例如，改进商品标题的呈现、主图风格等设计，以及突出店铺爆款商品的陈列展示等。

例如，某女装品牌在抖音店铺建设和将商品基础信息优化展现方面就做得很不错，不仅在店铺主页的焦点位置展示了店铺的热销商品榜单，而且新品页面的商品标题也都体现了"新款"二字。同时，店铺的商品主图大多选用白底图片作为背景，更显高级感，也能很好地使用户注意力集中到商品本身，如图7-8所示。

图7-8 某女装品牌的抖音店铺建设和商品基础信息优化展现

3. 优化用户运营，提升用户黏性与复购率

在优化用户运营方面，商家需要通过粉丝运营与会员运营"双管齐下"，打通多种复购链路。

在粉丝运营上，主播要在直播间提醒用户关注账号和店铺，同时商家需要在日常短视频作品中与粉丝持续保持互动，增强粉丝黏性。

在会员运营上，商家要在店铺中设置会员专区，精细化管理会员用户，对会员用户进行长期持续的触达与维护，将会员用户沉淀为品牌核心资产。抖音电商平台为商家提供了很多会员管理工具，商家可通过会员权益，如积分换礼、生日福利、VIP 服务等，培养用户复购习惯，并通过站内信等触达方式让店铺会员提升复购率。

例如，某女装品牌的抖音店铺，通过入会无门槛优惠券、福利礼包等形式引导用户加入店铺会员，用户加入会员后可享受相应的会员专属福利和会员权益，如图 7-9 所示。

图7-9 某女装品牌抖音店铺的会员运营

最后，商家可以结合新增用户画像及新的内容趋势，制订新的商品策略，为打造下一款爆品做准备。

7.3 抖音直播间的货品经营要点

对于抖音直播带货的经营者来说，最关心的问题无非就是提升直播间的销售额。要想提升直播间的销售额，需要做好直播间的商品运营工作，努力提升商品的转化率，同时还要降低直播间的退货率。

7.3.1 策划高转化率的商品优惠方案

要想提升直播间商品的转化率，就需要好好地策划商品的优惠方案。那么，如何策划直播间的优惠方案呢？通常，在设置直播间商品的优惠方案时应遵守以下4个原则，如图7-10所示。

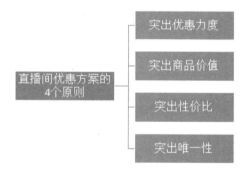

图7-10　直播间优惠方案的4个原则

1. 突出优惠力度

优惠力度大是用户选择到直播间购物的主要原因。如果一件商品原价为100元，直播价格为98元，那肯定对用户没有什么吸引力；如果一件商品原价为100元，直播价格为50元，还附带"买二赠一"等叠加优惠，用户就会觉得很划算，随即下单购买。所以，直播商品给出的优惠力度一定要大，具有诱惑力，并且还要让用户能够切实地感受到直播商品的优惠力度，这样他们才会下单购买。

例如，某品牌的一款羽绒服商品，在其抖音小店中的售价为2399元，如图7-11所示。但该商品在某直播间购买仅需699元，价格非常划算，如图7-12所示。

图7-11　某羽绒服商品的店铺价格　　图7-12　直播间中销售的同款商品价格

2. 突出商品价值

要想体现出商品价值可以从两个方面入手：一是商品的品牌，二是商品的价格。从商品品牌方面入手，主播可以在介绍商品时，告诉用户这是某知名品牌旗下的商品，也可以简单地讲解该品牌的文化、历史、获得的荣誉及商品以往的销售成绩等，以此来凸显商品的价值。从商品价格方面入手，主播可以将商品的原价格与优惠价格相对比，并在直播中多次强调商品的原价格，加深用户对商品价格的认可。

3. 突出性价比

在直播中要想突出商品的性价比很高，可以将直播商品与同类商品相比较，看看自己的商品在功能、卖点及价格等方面有什么优势，然后一一罗列出来告诉用户。例如，某主播在直播间向用户介绍一款方便食品时，告诉用户该类商品的售价在市场上一般为25元1件，现在厂家做活动，60元3件，用户就会在心中将商品活动价格与市场价格相比较，从而觉得直播间的价格更便宜，性价比也更高。

4. 突出唯一性

突出唯一性，也就是给用户一个不能拒绝在直播间下单的理由。例如，主播可以告诉用户"这个价格只在今天的直播中才有""只有关注我，才可以领取粉丝专属优惠券"等。

下面分享一个直播间商品优惠方案设置的范例，××牌纸尿裤商品的直播间优惠方案如表7-1所示。

表7-1 ××牌纸尿裤商品的直播间优惠方案

日期	主题	每箱原价	每箱直播价	直播间优惠方案	备注
6月18日	××618母婴专场狂欢购	279元	167元	××牌纸尿裤618在××的直播间单件低至6折，每箱仅需167元，直省112元；买3箱送1箱，4箱仅需501元，直省615元；购物满1000元即送价值998元的惊喜大礼包	直播间抽奖福利惊喜不停，关注即可领取心意小礼物

接下来就以表7-1中的优惠方案为例进行详细解析。

时间：策划者可以任意选择合适的节日作为营销节点，如每年的"618""双11""双12""年货节""妇女节""儿童节"等。

主题：可以根据直播商品来确定相应的活动主题。例如，销售母婴类商品以母婴作为活动主题即可。

商品价格：每箱原价为279元，直播价为167元。

直播间优惠方案：买3箱送1箱，原价1116元的商品，在直播间下单只需要501元，直省615元；并且购物满1000元还赠送价值998元的大礼包。

该案例的主播话术秘诀如下。

（1）突出价值感：在直播过程中主播需要不断强调商品的原价为1116元，让用户认可商品的价值。

（2）数字细节化：主播在直播间销售商品时，要尽可能地将数字细节化，让用户清楚地知道自己能够节省多少钱，这样他们在潜意识中就会觉得在直播间购买商品非常划算，从而坚定他们下单购买该商品的决心。例如，运用表7-1中的优惠方案,主播需要明确地告诉用户商品的原价为 1116 元,在直播间下单购买只需要 501 元,可以节省 615 元。

7.3.2 如何降低直播间的退货率

商家在店铺经营过程中最不愿意遇到的 3 种情况分别是"差评""退货退款"和"店铺扣分"。对于直播带货而言,直播间的退货率一直是商家和主播都很烦恼的一个问题,在直播间购买商品的用户很多时候都是"冲动消费",所以直播过后有可能会产生大量的退货订单。这些退货订单的出现不仅会降低销量、影响口碑,也会影响店铺权重。

那么,商家和主播如何才能让直播间的用户满意,留下好评,减少退货、退款呢?要想降低直播间的退货率,是有技巧和秘诀的。这里总结了"两大关键、四大谨慎",如图 7-13 所示。下面将详细解释什么是两大关键、四大谨慎。

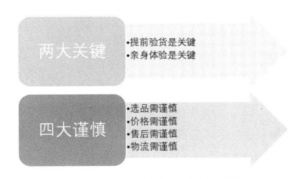

图7-13　降低直播间退货率的秘诀

1. 两大关键

这里的"两大关键"是在提醒主播进行直播带货前一定要注意两个关键问题,即提前验货和亲身体验。

提前验货:是指主播在进行商品销售前,提前检查直播商品质量,并与合作商家商讨商品的下单、出货、物流和售后等具体问题,衡量用户的购物体验。

亲身体验:是指主播对直播商品进行亲身体验,包括试吃、试穿、试用等,然后把最真实的体验告诉用户,为用户购买商品提供真实可靠的参考意见。

2. 四大谨慎

四大谨慎是指选品需谨慎、价格需谨慎、售后需谨慎、物流需谨慎。商家和主播在进行直播带货时,需要谨慎选择直播商品,并对商品的价格、售后及物流等问题进行谨慎设置和处理。

（1）选品需谨慎

在进行直播带货时，商家和主播一定要谨慎选择直播商品。商家需要重点关注商品是否具备爆款潜质；主播则需要重点关注商品的质量及售后服务体系是否完善，最好能够亲自体验用户购买及收货流程，并且在这个基础上进行亲身试用，总结心得体会。

（2）价格需谨慎

在直播过程中合理控制商品的价格也能降低直播间的退货率。对于低价商品，如"9.9元包邮"商品，用户在收到商品后就算不是特别满意，一般会因为嫌退货太麻烦而放弃退货。这时商家可以设置一些门槛，比如退货需要自己承担邮费等，以此打消用户退货退款的念头。对于高价商品，则可以设置一些优惠策略，加大优惠力度，比如向用户赠送一些价格较高的礼物，这样也能在一定程度上降低直播间的退货率。

（3）售后需谨慎

当用户对在直播间购买的商品不满意要求退货时，客服人员首先要保持良好的服务态度，及时回应用户。然后向用户询问退货理由，想办法让用户保留商品，并对其进行一些福利引导，尽可能地减少退货订单的产生。如果实在无法挽回，也要尽量给用户留下好的印象，以使他们二次回购。

（4）物流需谨慎

很多时候用户选择退货、退款是因为商品物流出现了问题，导致购物体验很差。虽然物流环节具有很大的不可控性，但商家至少可以在商品的包装上下一些功夫，将商品包装做得更细致一些，减少运输途中商品损坏的概率，让用户在收到商品时能有一个好心情，从而降低直播间商品的退货率。

7.4 抖音直播间的场景布置

如果能够拥有一个好的直播场景，让用户一进入直播间就感觉非常舒服，并且印象深刻、过目不忘，同时这个场景也能体现该直播间售卖的商品方向，就能最大限度地将精准消费人群留在直播间。下面详细讲解抖音直播间的场景布置和视觉设计。

7.4.1 直播场景的布置技巧

直播场景一般分为室内直播和户外直播两种。不同的直播场景带给用户的感觉是完全不同的，但一个好的直播场景一定是与商品完美结合的，用户一进入直播间，就会受到直播场景的影响，从而增加下单购买商品的可能性。下面分别讲解室内直播场景和户外直播场景应该怎样布置。

1. 室内直播场景的布置

室内直播场景主要是指在室内环境下通过镜头所呈现出来的场景。室内直播场景一般可以分为三层来进行布置：第一层是近距离展示商品的空间，第二层是主播位置，第三层是主播背后的背景和货架，如图7-14所示。室内直播场景的布置和变换主要是通过改变第三层来实现的。

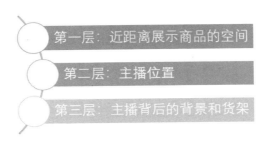

图7-14　室内直播场景的布置

在室内直播场景的布置中，可以通过装饰背景墙、更换直播场景及放置物品等方式，向用户传递各种信息。运营者要先想清楚自己要向用户传递什么信息，达到什么目的，然后再根据自己的目的打造多元化的直播间。

例如，某羽绒服品牌的抖音直播间如图7-15所示。从直播间背景墙上可以清楚地看到品牌的名称，用户一进入直播间，就能知道该直播间售卖的是哪个品牌的商品。而且背景墙上还有一张商品海报，可以向用户传递该直播间主要销售的商品是羽绒服这一信息，即使用户以前没听说过这个品牌，看到后也知道该品牌是销售羽绒服的了。这样做不仅起到了品牌传播的作用，也可以帮助直播间筛选出意向消费者。

图7-15 某羽绒服品牌的抖音直播间

 提示 在该直播间中,主播是将商品穿在身上进行展示的,因此该直播场景只有两层,即主播位置和主播背后的背景。

室内直播的场景布置并非一成不变,运营者可以根据不同的时节、活动和需求对直播场景进行变换和调整。另外,在打造室内直播场景时,还需要注意直播画面的清晰度、直播间的灯光设置及直播画面的比例设置。

2. 户外直播场景的布置

市场上大多数商品是在室内直播场景下进行展示的,但也有一些商品由于性质特殊,更适合在户外直播场景下进行展示,如生鲜水果类商品。这种类型的商品特别适合在市场、工厂、种植基地及野外等场景下进行展示。主播可以在这些场景下通过边走边播、现场演示、亲身体验等方式向用户更加全面地介绍商品,以增加商品的真实性。

例如,某销售橙子商品的直播间,其直播场景设置为商品的打包装箱现场,主播在商品的打包装箱现场为用户展示橙子的挑选和包装过程,如图7-16所示。

那么，这样的直播场景会向用户传递什么信息呢？用户能够直观地看到橙子商品的挑选和包装过程，打消他们对橙子可能不新鲜、包装和运输过程中可能会损坏等问题的顾虑。而且从直播画面中用户也可以了解到橙子是从原产地直接发货的，没有中间商，那么价格应该是很实惠的。所以，这样的户外直播往往会取得比较好的销售成绩。

图7-16　橙子商品的打包装箱现场

另外，主播在这样的场景中也会显得比较轻松，不用一本正经地介绍商品，可以通过与用户进行互动的方式介绍橙子的情况；还可以根据用户的要求，在直播中展示橙子的挑选和包装过程；同时，主播还可以通过试吃，讲解橙子的味道。

户外直播场景的布置主要需要注意以下三个要点。

第一，直播的光线。在户外场景直播时，主播要注意不要逆光直播。如果直播时间是在正午，尽量选择在可以遮阴的地方直播，避免太阳直射；否则光线过强，会导致直播画面曝光过度。

第二，注意网络稳定。直播画面如果断断续续、频繁卡顿，是很难留住用户的。所以，主播在户外场景直播时一定要保证网络的稳定和顺畅，这样才能给用户带来好的观看体验，从而将用户留在自己的直播间。

第三，画面的稳定性。主播在户外场景直播时一般使用的直播设备是手机，但如果直接手持手机在户外走动，有可能会出现直播画面抖动等情况，这时主播就需要为自己配备一个手机稳定器，也就是手持云台，如图 7-17 所示。手机稳定器可以保证主播在户外走动时，直播画面比较稳定，不会出现抖动的情况，从而给用户带来较好的观看体验。如果主播不打算配备手机稳定器，也至少应该配备一个自拍杆，这样直播时才能使直播画面比例显得更加合理。

图7-17 手机稳定器

7.4.2 直播场景的视觉冲击

在直播间的场景布置中还有一个重要因素也会对直播间的氛围营造和销量提升产生一定的影响，那就是直播场景的"视觉冲击"。人的视觉感官是十分敏感的，当一个人的视觉感官受到冲击时，就能对某一事物留下深刻印象。因此，直播场景的视觉冲击力越强，对用户的吸引力也就越强。

直播场景的视觉冲击一般分为两个部分：第一部分是直播间商品陈列对用户的视觉冲击；第二部分是直播间色彩搭配对用户的视觉冲击。

1. 直播间商品陈列对用户的视觉冲击

在直播间中，整齐、合理的商品陈列方式，能给用户带来很强的视觉冲击，从而增强用户对商品的购买欲。

例如，图 7-18、图 7-19 所示的两个直播间中，虽然销售的商品都是茶具，但这两个直播间带给用户的视觉冲击是完全不同的。图 7-18 中的直播间陈列的商品数量较少，使整个画面显得很单薄，在这种场景下，主播需要更卖力地介绍，通过声音和说话内容来补足画面的不足。图 7-19 中的直播间虽然主播没有出境，但画面感却非常强，多种商品的陈列方式已经完全将购物环境营造出来了，这时用户进入直播间的目的性也会更加明确，主播在讲解商品的过程中也会相对比较轻松。

第 7 章 六脉神剑第五剑：商品策划与视觉设计   187

图7-18　直播间商品陈列没有视觉冲击力　　图7-19　直播间商品陈列有视觉冲击力

2. 直播间色彩搭配对用户的视觉冲击

是不是只要在直播间中让商品占满屏幕，就能打造出视觉冲击力强、受用户欢迎的直播场景呢？下面先来看一张直播间的场景图，如图7-20所示。该直播间虽然陈列了很多商品，但灯光昏暗、背景色彩单调，看久了会有一种很诡异的感觉，让人觉得十分不舒服。这样的直播场景布置所带来的效果就属于一种负面的视觉冲击。

在布置直播场景时，不仅要通过合理的商品陈列使画面充实，还要学会搭配合适的色彩，增强画面的视觉冲击力。

一般优秀的直播场景都会选用比较鲜艳的色彩进行装扮。例如，图7-21所示的

图7-20　某直播间的场景图

这几组直播场景，使用了很多视觉冲击力极强的色彩来装扮直播间，再加上充实的商品陈列，很容易让用户产生购物欲望，如图7-21所示。

图7-21 视觉冲击力极强的直播场景布置

这里需要强调的是，虽然鲜艳的色彩能让人情绪高涨、精神亢奋，但这种类型的色彩不能长时间使用，因为时间太长，这种鲜艳的色彩也会让人产生精神上的疲惫。所以，运营者在布置直播场景时，要经常对直播间的色彩搭配进行一定的调整。

第8章
六脉神剑第六剑:粉丝运营与私域变现

粉丝的价值远不止一两次的下单转化,还有多次复购及拉新客户。那么,如何让粉丝实现更大的价值呢?这就需要商家考虑粉丝运营及私域变现,将粉丝引入私域运营的阵地中,为其提供优质的内容及服务,提高其转化概率及主动分享商品、活动的概率,从而带来更多的订单和客户。

8.1 抖音电商为什么要进行粉丝私域运营

私域运营通俗地讲就是做老客户生意，通过维系好老客户，让其分享裂变新客户的同时增加复购。那么抖音电商为什么要进行粉丝私域运营呢？

当下的营销人员必须面对一个现状：整体互联网流量没有增量，剩下的其实都是流量之间的转移。例如，早些年，流量大多集中在淘宝、天猫等平台，而现在流量从淘宝、天猫转移到了拼多多、抖音等平台。

这就导致了在营销过程中，营销的回本周期非常长。从创建一个账号到持续发布内容再到有商品销量，整个周期很长，所需要的成本也很高。那么商家想从中获得更多利润，就必须做私域运营，把吸引到的客户维护好，让客户带来新订单，从而节省成本。

8.1.1 什么是抖音电商私域运营

抖音电商的私域运营，简单来说，就是通过维护好在抖音渠道获得的客户，让其分享裂变新客户的同时增加复购。抖音电商的私域运营可大致分为如图8-1所示的三种模式。

图8-1 抖音电商的私域运营

1. 疯狂引流，私域收割

对于一些高毛利商品的营销，商家一般不刻意创造"人设"，也不输出系统的内容，只用夸大宣传，迅速卖货即可。例如，一些商家在抖音平台售卖保健品会多次输出有夸大效果的视频内容，对商品感兴趣的客户直接添加商家微信，就能迅速促成订单。这就是典型的"疯狂引流，私域收割"。

即使是在当下，也有很多抖音商家采用这种私域运营模式，如一些相亲版块就是通过收集用户的资料，将用户添加为好友，为用户进行资源配对，从而获利。

例如，某红娘的抖音账号就是通过发布一些和相亲、婚姻相关的内容，吸引用户点赞、关注，如图 8-2 所示。对相亲有需求的用户可直接根据该账号主页留下的微信账号，添加该红娘为好友，如图 8-3 所示。在将有相亲需求的用户添加为微信好友后，红娘即可向其售卖相亲配对服务、情感咨询服务等，从而获利。

 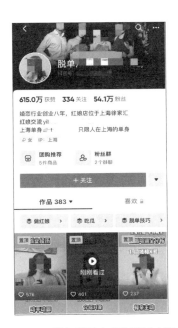

图 8-2　发布相亲、婚姻相关内容　　图 8-3　附有联系方式的账号主页

类似这种红娘引流，再进行私域收割的运营就是第一种抖音私域运营模式。这种私域运营模式的重点是"稳、准、狠"，需要在最短的时间内吸引用户并将其转化。

2．以情动人，私域养杀

抖音私域运营的第二种模式是以情动人，在传统微商或社交电商中较为常见，主要是通过利益刺激或情感服务获得利润。例如，某电商达人的抖音账号持续输出电商方面知识，吸引了 100 多万粉丝关注，该达人在账号主页留有刺激用户主动发起私聊的信息"打开私信，输入 666，送你我写的书 ××× 电子版"，如图 8-4 所示。如果用户想获取更多电商知识提高自己产品的销量，还可以报名学习该电商达人的课程，如图 8-5 所示。

图8-4 账号主页

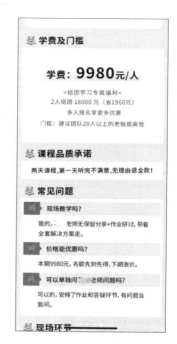

图8-5 课程信息

这种抖音私域运营模式相比疯狂引流,更需要内容支撑,必须能打动用户,才能刺激用户转化。相对难度更大一些,但是转化效果往往也更好一些。

3. 系统输出,温度内容

第三种抖音私域运营模式是系统输出有温度的内容,从而吸引用户多次转化。这种抖音私域运营模式相比前两种模式难度更高,但是也最为常见。因为前两种模式一般都是一对一地提供服务或商品,在较短的时间内就要转化用户。这种模式则可以采取一对多的方式持续输入有价值的内容,从而使用户转化。

例如,一些服饰类、美妆类、食品类的商品会以一些奖励(如红包、抽奖)刺激用户添加商家的企业微信好友。在添加成功后,客服会分享与商品相关的信息刺激用户二次下单。图8-6所示为某蛋糕品牌的企业微信客服发布的朋友圈活动,用户既可以低价秒杀商品,也可以将活动分享给好友获得优惠券。

采用系统输出温度内容这种私域运营模式刚开始会更辛苦,但通常可以做得更长远;而且这种"花时间买未来"的运营模式,也是笔者最为提倡且效果可能最好的。大家可以综合考虑自己商品的实际情况来选择适合自己的私域运营模式。

图8-6 某蛋糕品牌的企业微信客服发布的朋友圈活动

8.1.2 抖音电商粉丝运营的阵地介绍

在吸引抖音粉丝后,需要将其引入适合私域运营的阵地。就抖音电商而言,常见的粉丝运营阵地主要包括抖音及微信两个平台,如图8-7所示。

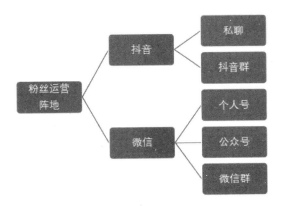

图8-7 抖音电商粉丝运营阵地

1. 抖音

抖音平台允许私信和创建抖音群,这些都是抖音电商粉丝运营阵地。很多商家会在主页或视频内容中提醒大家私聊或加入相应的抖音群，便于后期展开营销工作。例如，某美妆博主创建了抖音群，将粉丝吸引进群后，不定时分享商品信息、美妆技巧、护肤信息等内容增强粉丝黏性，如图8-8所示。

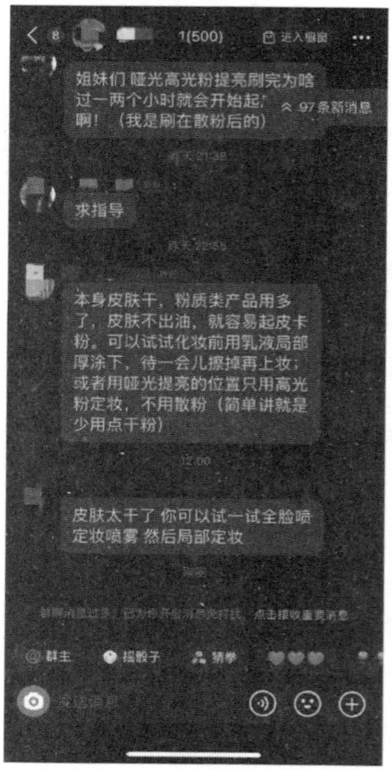

商家通过抖音的私信和抖音群进行粉丝运营的优点是简单、快捷，粉丝不用跳转平台，即可接收信息及下单转化，成功率较高；缺点是受到官方限制。例如，某账号的粉丝有数十万，抖音群也有数十个，按理说可以顺风顺水地发展下去，但由于运营人员失误，账号出现严重违规行为而被封号，该账号原来的人气、销量，甚至数十万粉丝都流失了，只能从头再来。

2. 微信

除了抖音本身渠道的粉丝运营阵地，还有一些其

图8-8 某美妆博主的抖音群

他阵地，如微信、QQ、微博等。因为微信是目前使用最广泛的平台，所以微信是众多商家进行私域运营的首选。这里以微信为例进行讲解。微信分为个人号、公众号及微信群，它们各有优缺点，大家可根据自己的需求进行选择。

- 个人号操作方便，引流方便，支持随时随地与消费者沟通交流，黏性强；缺点在于一个个人号只能容纳5000人。
- 公众号可以同时容纳几百万人，但在消费者没有主动沟通的情况下，商家只能通过发送推文触及消费者，文章被阅读的可能性比较小。
- 微信群可以实现一对多营销，消息触达率高；但是需要不断输出有价值的内容并维护好群内氛围。

例如，某餐饮类商家将粉丝引入微信公众号后，分享店内秒杀活动信息，如图8-9所示；某箱包类商家将粉丝引入微信群后，分享限时秒杀活动信息，如图8-10所示。对于已经下单购买过店内商品的粉丝而言，有过转化基础，对商家的信任度也会更高，再加上秒杀、抢购等活动的加持，容易复购或主动将活动分享给好友，从而提高商品的整体销量。

图8-9　公众号活动信息　　　图8-10　微信群活动信息

在实际应用中，抖音和微信的粉丝运营阵地不会互相冲突，而是会相辅相成。例如，主播在直播中推荐某个商品时，可提到关注账号及私信客服可以领取一张价值5元的优惠券。消费者在这种情况下，本来就有购买商品的想法，加上代金券的诱惑更容易下单，同时关注账号也能为账号带来更多的人气。在临近下播时，主播也可以提及添加某客服微信，可以享受更多优惠，以此吸引消费者主动添加微信。

商家如果有时间和精力，可以开发多个渠道，如抖音群、微信个人号、微信公众号等。其中，微信个人号是必做渠道，由于微信个人号有好友人数限制，可以多开几个微信个人号或使用微信企业号解决这个问题。如果抖音账号出现违规或其他问题导致封店，可开设新店，并通过微信朋友圈把粉丝引到新店促成订单。

8.2　抖音电商粉丝私域运营的步骤

很多人认为抖音电商粉丝私域运营很缥缈，也很难做。实际上，在做抖音电商粉丝私域运营时，按照如图8-11所示的步骤进行即可。这里以微信这一粉丝运营阵地为例，详细讲解前5个具体步骤及内容。

- 引流：这一步在任何营销里都至关重要，必须先将目标客户吸引过来，才有下一步。
- 认知：客户在看到商家发布的内容后，能否快速知道这个账号能提供的价值。对于没有价值的内容，客户会选择忽略。

图8-11　抖音电商粉丝私域运营的6个步骤

- 互动：客户对于商家提供的内容感兴趣时，是否进行互动。互动越多，则留存、转化的可能性也越高。
- 留存：客户不反感账号及内容，才会选择留下来。
- 转化：客户对于感兴趣又有需要的产品，才会选择转化。

由此可见，从引流到培养客户认知、互动、留存及后期的转化，是一个循序渐进的过程。商家必须一步一个脚印完成，才有可能带来更多转化。

8.2.1 引流：挖掘客户进入私域运营阵地的价值

对于客户和商家而言，进入私域运营阵地有着不同的需求和价值。站在客户的角度，要用利己思维思考：客户为什么要关注私域账号？关注后可以获得什么好处？而站在商家的角度，要用利他思维思考客户关注私域账号的理由。总体而言，要想让更多客户进入私域运营阵地，就要满足客户的消费需求和利益需求，如图 8-12 所示。

图8-12　客户和商家的关系

1. 消费需求

消费需求即在消费的过程中，客户需要添加微信了解商品的使用方法。例如，关注某银行公众号，通过公众号来查询余额。

消费需求包括5个方面：了解新品、购买咨询、售后服务、购买便利和会员服务。商家可以思考在哪个环节结合微信为客户提供价值。一般而言，客户在店铺完成购买的流程如图 8-13 所示。

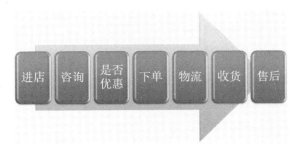

图8-13 客户购买流程

客户进入店铺后可能会咨询商品价格、尺码、颜色等，还可能会询问是否有优惠。如果价格、款式、颜色都是心仪的，那么客户就可能会下单。在物流和收货方面，部分商品可能需要提供售后服务。整个购买流程中，每一步都很重要，商家可以通过客服、短信、包裹卡等方式引导客户关注私域账号。

2. 利益需求

利益需求就是以利益驱动的方式满足客户的需求。利益需求的形式有很多，如微信红包、赠品福利、会员权益、包邮服务、售后延期，等等。

- 微信红包：很多人会在商品包裹里发现红包卡，上面写着提示"关注公众账号，可以获得 × 元现金返现"。
- 赠品福利：很多实体店会提示客户"扫码关注公众号，免费送一个精美购物袋"。
- 会员权益：很多企业采用关注公众号的方式，客户填写个人信息即可成为会员，享受会员权益。
- 包邮服务：部分企业会开展关注公众号即可获得一定时间内的包邮服务的活动。
- 售后延期：很多电器商家会开展关注公众号延保 1 年的活动。

值得注意的是，无论是在消费过程中通过消费需求引导客户关注，还是通过利益需求引导客户关注，客户对商品和服务的满意度都至关重要。所以，私域运营的前提是选择好的商品和服务。对于一些劣质商品，即使将客户引入私域运营地，也很难二次转化。

在挖掘客户关注的动力后，将面临下一个问题：让客户关注的有效方式。这里要提到一个关键词——场景营销，如图8-14所示。场景营销简而言之就是在正确的时间，用正确的渠道，用正确的方法吸引客户的关注。

部分商家向客户发送了成千上万条引流信息，但最终关注的客户寥寥无几。导致这种情况出现的原因如下：客户根本没看商家的信息，不管有多么诱人的利益，客户都不知道；客户看了信息，但是不想关注，因为关注的动力不够。

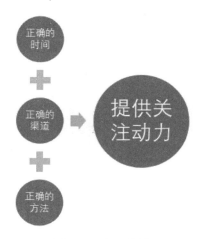

图8-14 场景营销

下面以一个餐饮商家为例，商家想通过10元优惠让客户关注公众号，那么以下两种场景，哪种更容易吸引客户关注呢？

· 场景1：客户买单时，告诉他关注微信公众号立减10元。

· 场景2：客户已经买单，告诉他关注微信公众号赠送10元代金券。

相信很多人会更喜欢场景1，因为关注微信公众号立减10元是马上就可以得到的优惠。而场景2中客户都买完单了，自己都不知道什么时候会再次消费，所以关注动力不够。以上两种场景的效果不同，其原因可能是关注动力不同。那么，如果关注动力都是"关注微信公众号立减10元"，但场景形成不一样，结果会如何呢？

· 场景1：放一张写有"买单前，关注微信公众号立减10元"的指示牌在收银处。

· 场景2：客户买单时，让收银员主动提醒"买单前关注微信公众号立减10元"。

毫无疑问，场景2的关注效果更好，这就是场景营销的重要性。

· 正确的时间：客户买单前。

· 正确的渠道：收银员主动提醒。

· 正确的方法：关注微信公众号。

· 关注动力：立减10元。

当然，具体的引流渠道多不甚数，如抖音短视频、抖音直播、微博、小红书、知乎等。商家可结合商品与目标客户所处的渠道选择引流渠道。

8.2.2 认知：账号如何定位

认知实际上就是通过账号定位，创建一个标签模型。常见的私域角色标签模型如图 8-15 所示。

为什么要创建私域角色标签模型呢？因为客户喜欢与"人"交朋友；而且人需要情感陪伴，这是鲜活的人物才能提供的。经营双方的信任关系，是让客户追随商家。商家想做好粉丝私域运营，就必须通过一个鲜活的账号连接客户，为客户提供价值、陪伴及服务。

那么，商家如何通过账号定位建立客户对商家的认知呢？可以从账号名字、形象（头像）、功能（签名、背景图）、内容及互动等方面出发，如图 8-16 所示。

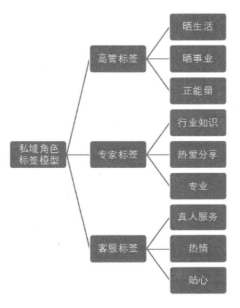

图8-15　常见的私域角色标签模型

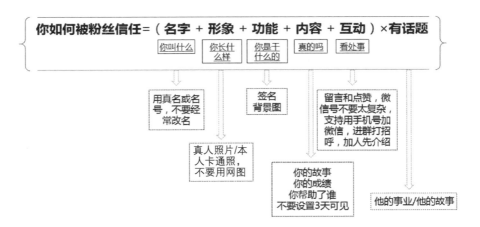

图8-16　账号定位

以创建微信账号做抖音粉丝私域运营为例，在创建账号时，需要从账号名字、形象、功能、内容、互动等方面出发。

- 名字：建议用真名设置账号名字，如张三、李四等，增加账号的真实感。

- 形象：网络上的形象基本是通过账号头像设定的，所以在选择头像时，最好选择真人照片，进一步增强账号的真实感。
- 功能：通过账号的签名、背景图等告诉客户，这个账号可以提供什么功能，如"种植杧果的十六年"这一签名就传递了做杧果生意的信息，侧面也透露了关注这个账号，可以吃到专业农人种植的杧果的信息。
- 内容：分享账号的故事、成绩等，让客户更了解这个账号。同时，建议不要把朋友圈设置为3天可见，这样不利于新客户了解账号。
- 互动：为创建积极、热情的形象，在添加客户好友后，可以主动打招呼，主动给客户的朋友圈点赞，拉近账号（商家）与客户的距离。
- 话题：既然账号要为客户提供情感陪伴，就需要找一些和客户的共同话题，去打开客户的心扉，让其有分享故事、经历的欲望。

经过以上步骤，基本就做好一个账号的定位了，也能让客户在添加好友后，对账号有基本的认知。例如，完美日记的企业微信号账号主页就应用贴近真名的名字、实拍模特图等信息，给人和个人微信号一样的亲切感，如图8-17所示。在添加该企业微信号后，该账号会主动发表情及信息进行互动，如图8-18所示。

不仅如此，完美日记的企业微信号除了在朋友圈、视频号分享商品，还会分享一些人格化的生活信息，如美食、鸡汤、美照等，更进一步拉近客户和账号之间的距离。大家在创建账号做粉丝私域运营时，也可以从这些方面做账号定位，以加深客户对账号的认知。

8.2.3 互动：账号的广告牌

商家通过私域运营，既能更高频地接触客户，也能更了解客户的需求，从而策划更多迎合客户需求的商品和内容，刺激客户购买转化。在将客户引入私域营地后，互动必不可少。特别是对于将客户引入微信群、抖音群的私域运营而言，更是离不开互动。那么，诸如微信群、抖音群的社群应该如何互动呢？

首先是社群日常运营与维护，包括建群、设置群规则、客户答疑等工作。

- 建群：当商家找到目标客户后，就需要创建社群（如微信群、抖音群、QQ群），将客户引入社群中。部分商家会采用进群领红包、进群领优惠券等形式，吸引下单客户主动进入社群。
- 设置群规则：创建社群后如果不对社群设置规则，必定会使群内充斥各种

图8-17 完美日记企业微信号账号主页

图8-18 账号主动发信息

广告信息，遭到大部分群成员的反感，自然也就让社群走向沉寂。因此，商家需设置群规则，避免群成员发布无关信息，维护好群内氛围。

- 客户答疑：当客户提出问题后，商家要及时给出回答，在了解客户信息的同时，也加强客户与商家之间的联系，为客户转化做铺垫。

在做好社群的日常运营与维护后，还需要主动找话题与客户互动，如客户感兴趣的话题、福利优惠等。以美妆类目为例，在将客户引入社群后，可询问客户平时的肤质情况、护肤习惯、常用产品、使用效果，等等。还可以策划一些秒杀活动，满足客户的利益需求。

当然，除了社群互动，平时的朋友圈、公众号也要注意多互动。例如，服装类目商家可以在朋友圈发布关于穿搭的投票，询问两套风格差异较大的穿搭哪套更好看。这是用投票吸引客户注意的手段，在客户纷纷留言后，再统一回复，同时给出两套穿搭的购买链接，并加以利益诱惑（如微信客户下单享8.8折）。这种用投票宣传商品的方式，既让客户有参与感，也让客户感觉有福利可享，深受客户喜爱。

商家给客户提供了一个折扣购物和表达自己观点的机会，同时整个投票过程中，也为商品增加了曝光度。而且，站在客户的角度上，客户也会认为商家不是在赤裸裸地推荐商品，而是在做一个活动。所以，商家可用投票的方式与客户互动。

8.2.4 留存：粉丝引流技巧

在电商中，客户购买过某个商品，经过一段时间后表示愿意回购该商品，则被视为留存客户。如何提高客户留存率呢？这就需要商家提高社群活跃度，从而提高客户留存率。提高社群活跃度可从两方面入手，分别是内容方面和活动方面。

从内容方面，内容是社群价值的体现，商家可以收集对客户有益的内容并投放到社群中，在满足客户需求的同时，也能提升客户活跃度。以美妆产品为例，其目标客户以爱美的女孩为主，商家可收集化妆、瘦身技巧等内容分享到社群内，自然能引发爱美的女孩的讨论。

从活动方面，可以通过活动提高社群活跃度。特别是针对社群开展具有吸引力的活动，能拉回群成员的注意力，也能提升群成员的参与感和归属感，带动社群氛围，达到提高客户留存率的目的。

要提高客户留存率，需要做好以下几方面的内容，如图8-19所示。

图8-19　提高客户留存率

首先，在发布具体的内容时，需考虑"人设"与所发内容是否匹配。例如，账号"人设"是一个美妆达人，那么其分享的内容应该围绕美妆产品、美妆技巧、美妆效果展开。账号"人设"与内容相得益彰，才能提高客户对账号的好感度。

其次，商家要熟悉客户需求，输出自己的功能价值，同时持续输出内容提高客户对自己的信任。那么如何输出这些信息，提高客户的信任呢？商家平时可以在朋友圈、微信群中多与客户互动，并分享自己的成功案例。例如，某电商培训机构的客服在朋友圈分享某店铺的自然流量和销售额的案例，如图8-20所示，证明了自己电商实操的能力，吸引对电商开店、经营感兴趣的客户向其询问具体操作，从而为营销埋下伏笔。

值得注意的是，大家在分享案例时，不能过于频繁，也就是"营销味"不能太重，否则容易使人产生视觉疲劳，被客户屏蔽或删除好友。

8.2.5 转化：账号内容布局

客户留存的最终目的是引导客户转化。前期的日常运营与客户留存，能起到增强客户黏性的作用，并能推动客户完成购买行为。对于一些潜在客户，要主动互动沟通，通过优惠互动和真实订单刺激其转化。

只有先在客户心中建立一个被信任的角色，加上客户感兴趣的内容，才能把客户转化为忠实客户，转化为流量。在实际的私域运营中，可以发布哪些内容刺激客户转化呢？这里列举5个转化技巧，如图 8-21 所示。

图8-20 某电商培训机构客服的朋友圈

图8-21 客户转化技巧

1. 免费试用

很多商家在做营销时，会开展免费试用、低价秒杀、超值换购等活动，刺激客户下单。

为了提高客户转化率，可以策划一些此类活动。例如，某净水器公司在朋友圈中开展了免费试用活动，客户只需一个电话即可享受免费上门安装净水器，试用1个月，满意再付款。并且，该品牌的净水器还推出了按月付费活动，如某款净水器全款3600元,客户可以选择分12期付款,每月只需付300元。

大家可以结合商品和客户,开展诸如此类的活动吸引客户,创造销售机会。

2. 客户福利

为了提高客户的互动和转化,还可以策划一些客户福利活动。例如,某食品类目商家的微信账号发布了一条朋友圈,在第二天上新日赠送前30名下单的客户一份赠品(价值99元的零食礼包)。赠品对客户而言,是一个诱人的福利,对企业而言,则宣传了第二天的新品。这种潜移默化的营销方式,让商品得到了宣传,也提高了客户下单的概率。

再如,某丽人类目的商家策划周年庆活动时推出1元秒杀皮肤护理活动,如图8-22所示。该商家在朋友圈中详细说明了秒杀活动的缘由、福利等具体信息,客户如果想参与活动,可以立马下单。

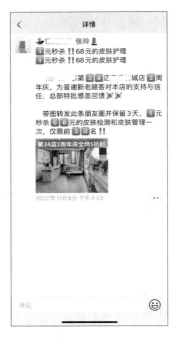

图8-22 某丽人类目商家的朋友圈

通过提供福利可以引出商品,在设计福利时,要注意吸引力和别致性。例如,某读书会打造了一个有特色的标签——每月福利日,每月从不同的国家购买带有国家特色的礼物赠送给客户。当然,商家并不是只有在送福利的当天才能发这个标签的内容。例如,商家可以第1周发该标签,征集客户想要哪个国家的礼物;第2周发该标签,展示购买礼物的过程;第3周发该标签,讲解如何有机会获得礼物;第4周发该标签,公布获得礼物的名单。通过这样的方式,既打造了新标签,又能用福利和客户互动,推广商品。

送福利的门槛一定要设置好。一些商品客单价本身很低,福利的价值也不高,却要求客户消费满高额,才能获得抽奖资格。例如,一款护肤品的客单价为90元,赠送福利是价值50元的另一款护肤品,获得抽奖资格的门槛是本月内购买商品满1000元,显然这个门槛就过高了,客户参与度不会很高。

3. 热点植入

跟着热点信息走,永远都不会缺乏关注度。例如,2022年国庆节期间,有商家策划了"国庆欢乐购,免费抽××"的直播间活动,为了吸引更多客户进入直播间参与活动,商家在朋友圈发布了具体的活动文案及海报,如图 8-23 所示。对活动感兴趣的客户在看到该朋友圈内容后,可以根据提示进入直播间参与秒杀、抽奖活动。

诸如这样植入热点节日的活动很多,如春节秒杀、劳动节抢购、中秋节送大礼,等等。除了热门节日,还有一些热门信息,如世界杯、运动会,等等。大家平时可以多关注热门话题,选择与商品或经营类目相关的话题切入,策划一些有看点的内容吸引客户。

4. 知识植入

知识植入就是通过将知识和商品结合,使朋友圈内容更具吸引力,从而增强账号信任度,提高客户下单概率。例如,某茶叶类目的微信账号商家平时除了分享商品和生活,也会分享一些茶相关的知识,其分享的倒茶知识如图 8-24 所示。

图8-23　国庆节活动朋友圈

图8-24　倒茶知识朋友圈

该微信账号分享的都是一些浅显易懂的茶叶知识,如茶叶的分类、选择、保存等。这些内容并不复杂,但是对于喜茶之人有一些参考价值。长期进行知识输出,可以给客户留下"品茶大师""专业卖茶"等印象。在客户对茶叶有需求时,可能会首先想到这个账号，从而咨询、下单茶叶。

诸如此类的知识植入的广告有很多，商家可以根据自己商品的特点，挖掘热门、冷门知识植入朋友圈内容。让客户在接受新知识的同时，关注自己的商品。

5. 客户证言

客户证言指通过买家秀、客户好评、客户故事创造商品宣传和转化机会。将买家评价在朋友圈里展示，可以增强说服力。如图8-25、图8-26所示，在朋友圈分享客户对茶叶的评论，并将与客户的对话截图分享到朋友圈，可以使好评更具真实性。

图8-25　在朋友圈分享客户对茶叶的评论　　图8-26　与客户的对话

商家还可以把买家秀、客户好评等粉丝评论创造一个新的标签，如"最粉丝"。每周选出5~9条评论分享到朋友圈，让好友投票选出最"走心"评价，并赠与该客户小礼物。这样不仅能激发客户购买商品后认真写评价的动力，还能把积极、正向的买家秀展示在其他客户面前，加深其对商品的印象，从而创造销售机会。

8.2.6　裂变：粉丝社群管理

商家想要提高私域运营的效果，裂变也是必不可少的一环。通过老客户裂变新客户，可以以较低的成本拉新，也有利于实现用户的快速增长。同时，裂变因其玩法具有趣味性和社交分享性，更能提升私域用户的活跃度，从而展现私域运营的价值。在策划裂变活动时，诱饵奖励必不可少，大致可分为如图8-27所示的3类。

图8-27　诱饵奖励

这3类诱饵奖励各有优缺点，商家可根据实际情况综合选择。

- 实物礼品的选择范围广泛，可融入定制化产品，成本也比较可控，对客户的吸引力较大；但也正是由于选择范围广，比较考验商家的选品能力，因为不同礼品的吸引力差距很大。
- 虚拟礼品的优点在于边际成本低，可以选择一些与商品关联性强的礼品，有利于实现精准拉新和留存；与实物礼品相比，虚拟礼品的吸引力略弱一些。
- 现金红包因为通用、直观，所以对于客户而言吸引力最大；但客户精准度较低，恶意作弊的风险较高。

裂变活动的具体玩法主要包括如图8-28所示的3类。

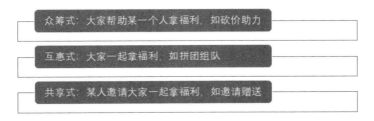

图8-28　裂变活动

1. 众筹式裂变

众筹式裂变活动是私域裂变中最常见的一种形式，由客户发起分享，邀请新用户完成助力行为,达到一定助力人数后,发起客户可获得奖励,新用户也可继续参与活动、邀请好友。例如,某知名移动出行企业策划的"天天领神券"活动如图8-29所示,由客户点击"点我领取"发起活动,发送给好友并得到助力后,发起者可获得打车折扣券。

众筹式裂变玩法的关键在于诱饵、助力门槛及新用户承接三方面。在诱饵设计方面,最好有阶梯式诱饵或多元化奖品,以此满足客户对礼品的不同偏好。在助力门槛方面,应结合诱饵、助力形式设计。例如,一些诱饵价值较低,如果还需要数十个新用户助力,会打击客户参与的积极性。在新用户承接方面,因为裂变活动的目的之一是拉新用户,所以在设计活动时,最好能将参与助力的新用户也吸引来主动发起活动。

2. 互惠式裂变

相比众筹式裂变,互惠式裂变更看重新用户的参与,所以门槛基本就是老客户邀请新用户参与秒杀、抢购。例如,某客户在微信发起的拼单活动就是典型的互惠式裂变活动,如图8-30所示。活动以低价拼单的方式刺激老客户主动分享活动链接,新用户如果对该商品有需求,在低价拼单的诱惑下,也会选择下单。

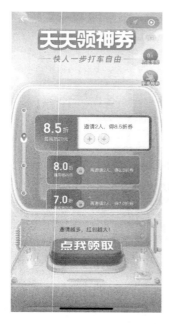

图8-29 "天天领神券"活动

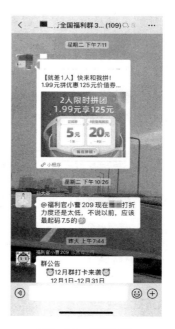

图8-30 拼单活动

在实际应用中,互惠式裂变多以拼团和组队形式包装,加入私域的动作,如低价拼团、组队抽奖、战队 PK 等。值得注意的是,活动发起者需要主动邀请用户,所以其付出的成本也更高,可以给予更高的奖励。

3. 共享式裂变

共享式裂变更像是"赠送"福利给新用户,如将会员卡、好友卡等福利赠送给新用户,新用户使用后,老客户也能获得奖励。例如,某社群活动就是典型的共享式裂变活动,老客户分享活动小程序并邀请新用户下单后,新用户下首单可享新客专享价,而老客户将获得 20 元的现金红包,如图 8-31 所示。

与其他两种裂变活动相比,共享式裂变的规模略小,但用户体验感更好,适合一些有品牌影响力的企业。

图8-31 共享式裂变活动

8.3 抖音电商私域运营案例分享

巨量引擎企业号某业务负责人曾表示,私域经营的核心是粉丝,而抖音电商正在构建一个以粉丝为轴心,带动抖音内企业流量和生意飞轮的增长经营模型——粉丝经营得越好,生意获得的增量越多。下面分享两个抖音电商私域运营的案例。

8.3.1 案例分析:蜂蜜商家的私域运营

曾经有一位女商家,通过抖音做私域运营,将客户都引入微信中,通过微信营销,在十几天内招到十几位代理,还发布了一款新品蜂蜜。这位来自四川的女商家,曾经只有一个小团队,由于销量不佳,团队人最少时只有她和一个兼职帮忙打包的同事。后来她通过改良抖音视频内容、直播内容,将 80% 的下单客户都吸引到了个人微信号。

这位女商家的蜂蜜货源来自大凉山彝族人家。她知道自己手里的蜂蜜是好蜂蜜,但很难让客户相信这一点。她原来的卖货文案为:"采自大凉山的珍贵中华峰野药蜜，零添加、无污染、自然成熟蜂蜜！一切尊重自然，有产量则有销量，无产量则等下一年！给自己、家人一次品尝的机会。"

很多商家在文案上会犯同样的错误，认为把商品优点表达清楚就可以了，但每个商家都会说自己的蜂蜜好。大家都知道二八原则，当 80% 的商家都这样写文案时，就无法打动消费者了。

在专人的建议下，女商家把她和蜂蜜的故事写了下来，通过大凉山彝族人家的故事打造差异。当她把在大凉山寻找蜂蜜的故事写在微信公众号、小红书后，文章获得很多自主转发，还有人主动联系她，想做她蜂蜜的代理。

有图、有感情的文章是否更能打动消费者呢？答案是肯定的。常常有人谈到"要学会卖人，而不是卖货"。目前，信息泛滥，消费者不愿意相信广告。而人格丰满的账号有信任背书，所以消费者愿意相信账号所推荐的商品。那么商家如何做到这一点呢？可以从讲故事、讲理念的角度出发，打动消费者。例如，即使是代理一个商品，也要演绎出故事，从花精力找商品、找商品的理念，以及找到商品后如何改进商品的角度讲述，突出自己对这个商品的用心、用情，以此打动消费者，而不仅是放出商品信息。

那么如何让社群有价值呢？在女商家的图文、视频内容慢慢火起来后，主动加她微信的人也逐渐多了起来。有的人对大凉山感兴趣，有的则对蜂蜜感兴趣。为方便管理，女商家索性建立了一个微信群，把大家聚集在一起。她常常在群里讲述自己找蜂蜜的故事、蜂蜜的具体功效、辨别蜂蜜真假的技巧等。可能因为她讲得比较真诚，群里有人自发地拉好友进群，她的群也从最初的几十人发展到了几百人。

有了这样有互动、有信任又精准的社群，还愁蜂蜜卖不出去吗？在这个群里，还不断有人想做她蜂蜜的代理。

很多人都在做社群经济，但效果并不理想。而她之所以能够成功，最主要是因为她在寻找大凉山蜂蜜的故事中呈现出了一个真诚、善良的形象。社群是人格化的群体，而不是人群化的群体。不是商家随便发几条朋友圈、随意拉几个人建群就能产生销售业绩的。

这位女商家还提到一个问题：目前的客户几乎都是老客户，新客户开发困难。但一款商品既然有忠诚的老客户，为何不让老客户帮忙介绍呢？

可能很多商家也在用这个方法，让老客户在朋友圈宣传商品，商家给予小红包表示感谢。但有一点值得注意——文案必须由客户自己撰写。虽然客户的文案水平可能参差不齐，但客户的好友熟悉他的语言风格，也有信任基础。由客户真诚地介绍商品，效果比发送商家统一定制的广告文案更好。

当女商家发现自己有能力运营好社群后，干脆把客户介绍拉人的营销方式进行了升级。她和代理先建了一个群，拉了一些愿意参加活动的意向客户和老客户进群，通过客户继续拉人，当晚这个群就满员了。

随后，女商家在群里发布了一款中档的意蜂蜂蜜，详细介绍这款蜂蜜的卖点、口感等，再在群内请有兴趣的客户自己写文案、发朋友圈售卖蜂蜜，并且表明在一定时间内销量最佳者可以得到500元红包。当时群里气氛很好，有500元红包的刺激，很多客户也喜欢并信任她家的蜂蜜，就帮忙发朋友圈推广了。让消费者自主、积极地帮商家宣传、推广商品，才是有价值的传播推广。

这位女商家的裂变活动虽不是前文中提到的众筹式、互惠式或共享式裂变，但确实是结合商品及目标客户而设计的，且取得了不错的结果。由此可见，粉丝私域运营并不是死板地套用某一个方法，而是掌握方法后，设计适合自己的方法。

8.3.2 案例分析：大码女装店的私域运营

有一家专注制作欧美风格服装的大码女装店（以下称该商家为"女装店"），早在2015年就开始把客户引入微信，到了2022年，微信好友已超过5万人，复购率可达70%，仅是从微信引到店内的销售额就已过百万元。这些数字的背后是商家的坚持，商家把老客户一点一点地往微信引，从而积累一定数量的客户。女装店认为每个老客户不仅是精准流量，还是流量入口，服务好老客户就是在创造利润。任何成功都有规律可循，女装店的客户转化主要是引流、留存及转化。

1. 引流

女装店在加客户为微信好友前，为了让客户感知到该账号是一个真实的人，特意取了一个有亲和力的昵称。昵称往往决定了客户是否愿意加之为好友。例如，某客户搜索商家微信号，出现"微商小王150××××××"，会让客户认为这个微信号会每天刷屏发广告，从而不愿意加好友。

该女装店主营大码女装，目标客户以身材偏丰盈的女性为主。这些女性中很大一部分由于身材不理想比较自卑，所以对懂她们的异性更容易产生信任。所以，商家的形象就定位为一个理解丰盈女性的男闺密的角色。在具体行为上，要能和客户聊日常生活，通过日常聊天也能更了解客户，更能针对客户需求提供商品和服务。

另外，该女装店基本只通过短信和电话吸引在店内有过购买记录的老客户，内容主要从客户的需求出发。例如，发送短信说明可以为客户搭配服装，使其外表看起来更好，同时也会结合红包、礼品等福利吸引客户。当然，吸引客户只是第一步，接下来还要做到留住客户。

2. 客户留存

很多客户在福利的诱惑下添加了商家微信，但由于商家的微信朋友圈广告太直白或没有规律，很多客户又流失了。实际上，朋友圈的内容应该丰富有趣，而且能长期坚持有规律地发布。该女装店就做到了每天发5~7条朋友圈，内容以呈现自己的真实生活为主。女装店还会在朋友圈创造互动场景，如真心话大冒险、找图、签到有礼，让客户参与互动，客户与商家互动越多越容易产生信任，客户也越可能转化。

为了体现规律化，该女装店会定期在朋友圈发布活动。例如，每周二、四是上新日。客户也都熟悉了这个规律，到时间就会关注活动，并积极参与活动。

3. 客户转化

很多商家不敢打扰客户，但该女装店反其道而行之，每个月都会创造各种话题主动与客户交流。在交流过程中，很多客户甚至会主动询问最近的活动和新品。所以，商家在吸引粉丝后，下一步应该是留住粉丝，与粉丝聊出感情后，促成订单的可能性才更大。该女装店大量的订单都是跟客户主动聊天聊出来的。

销售、转化无处不在，关键在于找到最合适的方式和节奏。女装店运营的效果不错，但并不适合所有商家。不过商家可以从中得到启发，建立自己的私域流量池，更好地维护客户、转化客户。

第9章 抖音电商实战案例详解

相比传统电商,抖音电商是个特殊的存在。它以内容为中心激发消费者兴趣和需求,通过直播、短视频等形式,配合抖音平台独特的流量机制和丰富的营销玩法,帮助品牌实现高效转化。下面将总结梳理3个品牌在抖音电商的营销方法论,以帮助抖音电商商家更好地找到新的生意增长点。

9.1 白家阿宽如何霸屏抖音类目No.1

方便食品可谓是这两年发展最快的赛道之一，在方便、美味、高端、健康等方面催生了大量发展机会。2021年3月，一份抖音直播带货的成绩单出炉，白家阿宽品牌的全系列产品销售额名列方便食品No.1。作为一家方便速食企业，四川白家阿宽食品产业股份有限公司（以下简称"白家阿宽"）的高层以明锐的观察力，提出"新型方便食品"的概念，于2015年顺势推出"阿宽"品牌，从此走出了一条不同于传统方便食品的快速发展之路。

一直以来，白家阿宽都以产品力强、品牌新潮时尚著称，白家酸辣粉、阿宽红油面皮、成都甜水面等更是成为线上线下的热销网红产品，支撑起该品牌的亿万销量。下面就从线上与线下全渠道营销、消费者洞察和内容营销3个方面深度解析白家阿宽高销量背后的营销模型。

9.1.1 线上与线下全渠道营销

据世界方便面协会（WINA）数据显示，2013—2017年，中国市场方便面需求从462.2亿份下滑至389.6亿份，累计下滑约15.7%。但白家阿宽在过去3年中，每年都保持着45%以上的增速。我们研究其中的秘密后发现，白家阿宽从来就没有把自己定位成一个互联网品牌，其渠道布局的深度与广度在新消费品牌中非常罕见。就线下而言，白家阿宽的产品在沃尔玛超市单月下单量就超过500万件，在天猫与抖音两大平台上也长期霸占着食品行业排行榜。面对这种多渠道营销局面，白家阿宽怎么保持营销节奏的统一性呢？

在白家阿宽背后有一套完整的营销罗盘，覆盖了产品、内容、渠道、粉丝这4个关键维度的一体化运营，如图9-1所示。

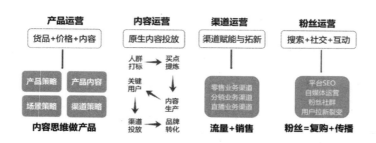

图9-1 白家阿宽的营销罗盘

根据图9-1简单理解，一款产品从开发之初就需要思考联动内容、渠道和粉丝经济，并且概述每个节点的关键要素。围绕这几个关键维度，白家阿宽具体是怎样做的呢？

1. 产品维度

白家阿宽在保持生产工艺与产品研发领先性的同时，一直强调用内容化与渠道化的思维做产品。因此，白家阿宽所有产品上市之前，在产品包装、产品定价及内容生产等各个环节，都会请营销与渠道的伙伴参与其中，进行讨论，从而摆脱传统品牌生产与营销脱离的窘境。

2. 内容维度

好产品很重要，但与消费者说话的方式更加重要。在创作内容时，大多数的品牌会进行"卖点提炼"，但白家阿宽强调的却是买点提炼。简单地说，就是不要用"填鸭"的方式告诉消费者"我是谁"，而是要在内容端反复思考3个问题，如图9-2所示。这3个问题在内容端都有了答案的时候，这条内容也就符合发布的标准了。

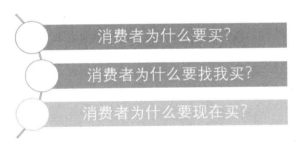

图9-2 白家阿宽进行"买点提炼"时会思考的3个问题

3. 渠道维度

在新型方便食品行业，"Z世代"年轻人是重要的消费群体，他们对新鲜事物更容易接受，对于食品方便快捷和美味可口的需求也不断升级。所以，面对"Z世代"消费者，用他们喜闻乐见的内容和形式和他们沟通，共情他们的生活场景和消费体验选择口味、渠道，在物质和精神层面成为"Z世代"消费者真正的伙伴，才能更好地将产品销售出去。

> 💡 **提示**
> "Z世代"是一个网络流行语,通常是指1995年至2009年出生的一代人。他们一出生就与网络信息时代无缝对接,受数字信息技术、即时通信设备、智能手机产品等影响比较大。所以,"Z世代"也被称为"网生代""互联网世代"。

目前市面上流传的新消费品牌成长套路,大多是发布多少篇文章、多少条短视频,进行多少场直播等。但有一个很关键的问题——商家投入大量成本创作的内容,未必符合目标消费人群的需求。所以,渠道的搭建和增长,不能只考虑策略问题,还应选择最合适的人员去做这件事。

白家阿宽运营团队中有大量的90后与95后成员,他们与"Z世代"消费者的年龄相仿,也更懂年轻人的心声。由他们为品牌进行短视频、直播等渠道的搭建和运营,也更容易跟"Z世代"消费者"打成一片",巩固品牌美食潮牌的地位。

4. 粉丝维度

白家阿宽粉丝的忠诚度很高,该品牌在小红书平台80%的内容是由品牌的粉丝自发发布的。而且白家阿宽通过私域运营,积累了数十万的"宽粉大军";并且针对这些粉丝进行了分级管理,私域团队与品牌部门深度联动,不盲目把钱投给外部媒体,而是会定期激活自己的私域老会员,做到了真正意义上的品牌原生KOC营销。

> 💡 **提示**
> KOC(Key Opinion Consumer),即关键意见消费者,对应KOL(Key Opinion Leader,关键意见领袖)。KOC一般是指能影响自己的朋友、粉丝,使他们产生消费行为的消费者。

9.1.2 精准洞察消费者的兴趣

大多数品牌的消费者洞察都是依靠数据分析工具完成的,但数据本身其实并没有太多价值,真正有价值的是数据能驱使品牌制订什么样的营销策略。很多人在直播、短视频、社群等渠道看到过白家阿宽发布的各种营销信息,那么,白家阿宽到底是怎样让消费者通过这些营销信息记住它的呢?

在新消费品牌领域,白家阿宽可以说是"陪伴一代人成长",而这份陪伴并不是单纯的售卖产品给他们。白家阿宽洞察了"Z世代"对于品质、健康、好吃、好玩的需求，不但使产品做到了非油炸与好味道兼顾，还从品牌内容、KOL合作、IP联名等方向上不断尝试与年轻人玩到一起。

白家阿宽借助互联网已经和诸多明星、达人建立了合作，不定期开展营销活动，还在全国诸多高校推出了主题线下快闪店。2021年，白家阿宽推出青春版红油面皮，还与《王者荣耀》游戏联名，打造了联名款产品，如图9-3所示。同时，白家阿宽还邀请《王者荣耀》明星职业选手参加此次营销活动，这一事件斩获了8.2亿次曝光和10万次互动。

图9-3　白家阿宽与《王者荣耀》联名款产品

白家阿宽选择的所有营销元素都是年轻消费者所喜欢与追捧的，这样才能最大限度地刺激目标消费者的消费兴趣，加深他们对品牌的记忆。而且品牌非常关注与消费者的线下连接，几乎所有营销都会与"Z世代"消费者见面，而不单是线上曝光。例如，白家阿宽在与《王者荣耀》联名后，立刻与虎牙直播一起发起了全国大学生电竞大赛，并深入15所参赛高校，实现了线上与线下联动营销。

快消品行业有一个法则：1个品类，7个品牌。就是说1个消费者，在1个快消品类，最多可以认知7个品牌，而这7个品牌的前2个会占据一半以上的市场份额。所以，赢得消费者的认知与记忆，远比单纯赢得消费者的购买重要。白家阿宽营销的秘籍在于，该品牌不仅是想卖货给年轻人，更是一直将自己的品牌符号通过网络与现实，植入年轻消费者的记忆中，让消费者真正知道"阿宽"是谁，感知到"阿宽"在陪伴自己成长，未来让年轻消费者在方便食品赛道，认知、认准并记住"白家阿宽"。

9.1.3 内容营销四步法

白家阿宽在内容营销方面有诸多创新，可以将其提炼为内容营销四步法，如图 9-4 所示。

1. 种草脱水

种草脱水简单来说就是认认真真通过高质量的内容进行产品种草，拒绝"水军"内容。我们研究了白家阿宽在各大社交平台发布的内容，发现该品牌与其

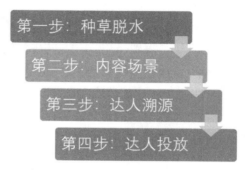

图9-4 白家阿宽的内容营销四步法

他品牌不同的是，该品牌不盲目追求所谓的内容高曝光，而是把运营重心放在内容质量上，这就是我们常说的"种草脱水"。

"水军"一般是指网络水军，即在网络上针对特定内容发布特定信息、被雇用的网络内容创作者。网络水军通常活跃在电子商务网站、论坛、微博等社交网络平台中，他们会伪装成普通网民或消费者，通过发布、回复和传播博文等方式对正常用户产生影响。

白家阿宽发布的内容质量很高，覆盖了抖音、小红书、知乎、微博等平台，并且大多是以开箱、试吃、测评为主。例如，阿宽官方旗舰店抖音账号发布的短视频作品画面都很精美，让人一看就很有食欲，如图 9-5 所示。

另外，阿宽官方旗舰店抖音账号发布的部分作品中，加入了很多阿宽旗下产品吃法升级的内容。这些内容可以让方便食品成为正式且美味的一餐，使消费者对方便食品有一个全新的认知。例如，阿宽官方旗舰店抖音账号发布的某条短视频作品，使用阿宽旗下新推出的麻酱苕皮产品制作麻辣拌，从侧面告诉消费者用自家麻酱苕皮制作的麻辣拌味道完全不输外卖的麻辣拌，甚至可以代替外卖麻辣拌，如图 9-6 所示。

第 9 章　抖音电商实战案例详解　219

图9-5　阿宽官方旗舰店抖音账号发布的短视频作品

图9-6　阿宽产品吃法升级的短视频作品

2. 内容场景

很多品牌种草时，都喜欢使用自己的品牌关键词。但我们对白家阿宽内容的关键词进行分析时，发现该品牌内容与场景结合非常紧密，不是简单采用"叫卖"形式。例如，该品牌种草时常用到的关键词有大学生美食、宿舍美食、留学生美食等，这就是典型的还原场景。潜在用户真正会去搜索和关注的场景词，才是内容营销时代真正的SEO底层逻辑。

> **提示** SEO（Search Engine Optimization），即搜索引擎优化，是一种通过分析搜索引擎的排名规律，了解各种搜索引擎怎样进行搜索、怎样抓取互联网页面、怎样确定特定关键词的搜索结果排名的技术。

3. 达人溯源

白家阿宽经常会邀请达人前往工厂参观溯源。许多人好奇，为什么要做这种费心费力的事呢？其实答案很简单，如果达人不是你的消费者，不喜欢你的产品，那么他们怎么可能创作出好的内容？

所以，品牌的运营团队针对抖音等诸多渠道，花时间最多的从不是与达人谈价、砍价，而是真正让达人体验自己的产品。通过这种方法，许多直播、短视频、社群达人在推荐阿宽产品的同时，还在内容中分享了很多自己真实的感受，通过自己的情绪打动消费者。

4. 达人投放

达人投放效果如何，是许多品牌很头疼的问题。在白家阿宽的案例中我们看到，该品牌将达人投放策略分解为3部分：势能、矩阵、留存，如图9-7所示。

（1）势能

白家阿宽喜欢选用头部达人完成产品势能塑造的工作。例如，阿宽青春版红油面皮就是通过登录头部主播的直播间"一炮而红"。

图9-7 白家阿宽的达人投放策略

(2)矩阵

一个品牌如果完全依靠头部主播出量,是非常危险的事情,并且企业的利润也会不断降低。对于白家阿宽来说,合作头部主播只是开启爆品营销的第一步。2021 年,白家阿宽仅在抖音平台上就合作了上千位达人,在私域平台更是合作了上万个私域社群,从而建立了自己的渠道池。头部主播的带货素材,也会在第一时间传递到达人矩阵,作为内容素材,帮助更多的达人创作优质内容,提升销售转化。

(3)留存

白家阿宽进入抖音电商的第一步就是开启自播间,而不是匆忙选择达播。因为该品牌在会员运营与私域运营方面拥有非常成熟的标准化管理流程,从而巧妙地形成了以会员运营与私域运营经营消费者价值的长期生意模式。

9.2 雪花秀的三大策略助力品牌销售过亿

近几年,抖音电商平台成为美妆行业的最大生意增量来源。从短视频带货、达人直播,到正式提出"兴趣电商",这个快速进化的平台也为美妆品牌带来了更多增长机会。韩妆品牌"雪花秀"以单场直播销售额 7000 万元的成绩,快速蹿升至 2021 年"抖音双 11 预售期美妆品牌 GMV 榜"第一名。

在大多数韩妆品牌"退潮""遇冷"的中国市场,雪花秀能够凭借抖音电商平台实现成交额过亿元,并频频登上抖音电商热销榜单,主要依靠的是达人直播、品牌自播和大单品三大经营策略,如图 9-8 所示。下面将深度解读雪花秀的三大抖音电商经营策略。

> GMV(Gross Merchandise Volume),即商品的成交总额,多用于电商行业,一般是指拍下的订单金额,包括拍下未支付的订单金额。

图9-8 雪花秀的抖音电商经营策略

9.2.1 达人直播策略

我们对雪花秀销售额走势情况进行分析后,发现大促活动对品牌的拉动作用非常明显,该品牌在"618""818""双11"等平台大促活动期间的表现非常亮眼。例如,2021年"618"期间,该品牌以8100万元的销售额名列美妆品牌GMV榜第4名;2021年"818"期间,该品牌排名稍有下降,但依旧名列美妆品牌GMV榜第7名。

在大促节点所在的月份,单场达人直播为雪花秀贡献了绝大部分销售额。2021年10月15日,抖音电商正式进入"双11"预售阶段,韩妆品牌的发力十分明显。据飞瓜数据显示,2021年10月24日,雪花秀的产品在某抖音带货达人的直播间卖出7000多万元的销售额,品牌直接蹿升至美妆品牌GMV榜第一位。在单品方面,雪花秀的表现同样亮眼,该品牌的"滋盈肌本礼盒套装"也位居"抖音双11预售期间美妆单品GMV Top 10"的榜首。

在官方大促缺席的月份,"雪花秀"品牌的销售额则有所下滑。例如,在2021年9月,"雪花秀"仅有一场直播销售额过千万元,场均销售额在100万~300万元的直播居多。其间品牌合作的达人也以肩部达人为主。

9.2.2 品牌自播策略

虽然达人直播是雪花秀GMV的主要来源,但从2021年初抖音电商推行"号店一体"开始,品牌自播就成为雪花秀提升抖音小店日常销量的重要渠道。雪花秀品牌的抖音直播间如图9-9所示。

与大部分美妆品牌不同的是,雪花秀在正式启动品牌自播前,在达人带货中的消费者心智就已经非常成熟了。对于雪花秀的品牌自播账号而言,找到账号的核心购买人群,是其保持高客单的重点。品牌在抖音电商起步这一阶段品牌利润往往较低,到了下一阶段,品牌开始卖高客单价商品,追求利润平衡,这时候进来的流量依然精准。流量涨起来后基本不会跌回去,除非长时间断播或出现重大错误。承接高客单流量是品牌逐渐走向正轨的标志。因此,开启品牌自播正是雪花秀实现电商渠道正规化的关键一步。

其实,雪花秀初入抖音电商平台时表现并不理想。在 2020 年抖音"双 11"期间,无论是美妆单品榜单还是美妆品牌榜单,均未见到雪花秀的身影。那么,形势是从什么时候发生转变的呢?2021 年 5 月,在"抖音美妆单品 GMV Top 50"榜单中,雪花秀以 1.3 亿元的销售额首度登上榜首。

图9-9 雪花秀品牌的抖音直播间

而雪花秀也是在这个时候正式开启了抖音电商品牌自播,并在短时间内就取得了非常亮眼的成绩。

相较于达人直播,在品牌自播中商家对于品牌形象、货品选择、优惠力度、直播话术等关键运营节点拥有很强的把握能力。此外,通过长时间的累积,品牌商家自播的产出趋于稳定,运营成本相对可控。因此,品牌自播对于雪花秀来说有两大明显优势:一是可控性更强,二是自由度更高。对一些新品或品牌想主推的产品,在自播形式下,商家也可以提高整体货品的丰富度,让更多的消费者尝试雪花秀品牌的其他产品。

9.2.3 大单品策略

在选品方面,雪花秀在抖音电商平台主要采用的是"大单品"的运营方式,即依靠某一主推单品支撑起品牌在平台的主要销量。例如,雪花秀的"滋盈肌本补水保湿水乳护肤品套装"是该品牌入驻抖音电商以来主推的商品,如图 9-10 所示,而该商品也是各大电商直播间的常客。

作为品牌的明星单品，该产品本身就具有稳定的销量和较高的用户黏性，也更容易凝聚流量，提高转化。同时，此前有业内人士指出，电商平台的算法会使高点击、高转化、高成交量的产品有更多的曝光。所以，品牌通过主推单品带动店铺销量可以形成良性循环。

在产品打造方面，雪花秀的产品可以说是"集韩式护肤之大成"，成分上均主打"古典中药养颜"，添加了不少珍贵药材，给人一种"买得值"的感觉。

在产品定价方面，雪花秀的套装产品定价并不算特别便宜，但套装礼盒包含的产品丰富，从眼霜到水乳一应俱全，再加上直播间购买的折扣优惠和赠品，综合性价比就显得非常高了。

图9-10 雪花秀的主推单品

9.3 远明酱酒的抖音电商变现秘籍

近年来，一款名为"远明酱酒"的酱香酒产品异军突起，成为酱香酒行业中的一匹黑马，迅速火爆全网。2020年，远明酱酒品牌线上销售额为4亿元左右，在全网收获60亿次曝光、近200万位酱香酒"发烧友"关注，一跃成为"茅台镇电商发货量第一品牌"。

远明酱酒的走红，让业内恍惚以为它是在互联网风口下一夜成名的。其实不然，这家位于茅台镇赤水河畔的酒企已走过近50年的光阴，前身系茅台公社古镇酒厂，现今发展为占地22000多平方米、年产酱香酒4000多吨的大型综合性酒企。2022年，远明酱酒在赤水园区酒厂已达数百亩，年产优质酱香酒达到上万吨，与"茅台""习酒"并称贵州三大诚信白酒企业。

茅台镇作为美酒圣地，不乏优秀的酱香酒品牌，为何远明酱酒在过去几年突然名声大振，成为销售额过亿元的网红酱酒呢？下面将深度解析远明酱酒的营销变现秘籍。

9.3.1 人设IP的打造

远明酱酒的品牌定位是以远明酒业集团董事长任远明的"大胡子"形象进行对外宣传,强调"专心酿好酒,酱香酒守门员"的身份。任远明作为一个酿酒师和酒企老板,自己为品牌代言,一直强调把产品和他本人的名誉绑定在一起,并提出了"不贪眼前利、珍惜身后名"的价值主张,用人设IP打造亲民品牌。

远明酱酒创始人任远明的"大胡子"形象被运用到品牌宣传和产品设计的方方面面,品牌抖音账号主页、账号头像、商品图片中随处可见任远明的"大胡子"形象。很多酒友一提到"远明酱酒",就会想到是"大胡子"酿的酒,品牌形象可谓深入人心。抖音远明酒业官方账号主页及抖音远明官方旗舰店主页如图9-11、图9-12所示。

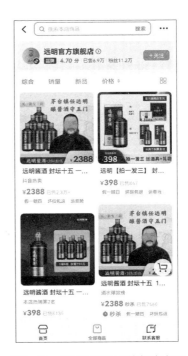

图9-11 抖音远明酒业官方账号主页　　图9-12 抖音远明官方旗舰店主页

在与酱香酒品牌的横向对比中,远明酱酒的人格化商标标识非常突出。企业在经过大量的调研后发现,很多酒友对"大胡子"超级符号已经形成深刻的品牌认知。远明酒业也表示,打造人格化品牌商标不仅是一种互联网营销策略,更是一种品质担保和自我鞭策。

　　远明酱酒以创始人任远明名字中的"远明"二字命名，也表现出任远明与远明酱酒紧紧结合在一起的态度。任远明曾经解释说，把个人名字和肖像名誉作为企业名称，就是准备和企业"同生死，共存亡"。把自己的信誉和产品品质绑定在一起，是对员工负责，对消费者负责。

　　这种营销方式有两个特点：第一，远明酱酒创始人任远明的标签是"要脸"，所以为了"要脸"，远明酱酒一定要保证产品品质，更进一步获得消费者的信任；第二，把产品品牌和创始人IP进行统一，这样做不仅便于产品进行文化输出，同样也可以加深消费者信任，还能为后续转化做好铺垫。

9.3.2　名人效应

　　除了对人设IP的打造，远明酱酒还诚邀知识渊博、言辞犀利、敢说真话、直击人心、素有"毒舌"之称的主持人老梁（梁宏达）为产品代言。很多人认可老梁，是因为老梁敢说真话。任远明选择老梁加码远明酱酒，眼光可谓独到。老梁曾在一条短视频中这样介绍远明酱酒和大胡子任远明。

　　"今天给你们带点儿好东西。咱们今天就喝这个。看见没有？远明酱酒。这个酒是茅台镇出的。这酒厂我去过。那个酿酒的人叫任远明，是个大胡子。人家是个正经的手艺人，酿的酒是非常非常地道的。别的不说，主要是好喝。比方说，咱们聚会高兴，我多喝点儿吧，第二天早上起来什么事都没有，也不上头。所以今后亲戚朋友、好哥们儿一块儿聚会，咱们就喝远明酱酒。其实你想咱喝酒，喝来喝去是啥，咱喝的是俩字——人情。所以咱们喝酒什么原则呀？别选那贵的，咱得喝对的。来吧，开喝！"

　　这条不足50秒的短视频中，老梁推荐了远明酱酒，推出了"大胡子"任远明，突出了远明酱酒的卖点"喝多了不上头"，强化了远明酱酒的应用场景，这些内容看上去像是一条标准的广告短视频。但在这条短视频中，老梁又用他一贯的主持风格，娓娓道来，加上场景的衬托，让你不知不觉融入其中。这使短视频不像广告，更像是老梁主持的生活或美食类节目。

　　在酒桌上、在车间里，老梁都是通过这种潜移默化的讲述方法，将自己和"大胡子""远明酱酒"融合在一起。远明酱酒不断以老梁加码的场景化应用短视频为主题，利用付费投流增加曝光，将一个酱香酒发烧友老梁、一个专业酿酒人"大胡子"、一个专注品质的远明酱酒企业立体化呈现在消费者面前。老梁为远明酱酒代言的海报如图 9-13 所示。

图9-13　老梁为远明酱酒代言的海报

远明酱酒不仅有老梁代言，还有很多明星、名人也在为远明酱酒做推广。通过明星、名人做内容传播，不仅可以降低品牌的传播成本，而且对品牌的产品也是一次信任加持，能够将远明酱酒品牌和产品无限放大。

9.3.3　电商直播变现

有了特点明显的人设 IP，再加上名人效应的加码，接下来就可以布局电商直播变现了。远明酱酒直播间的直播背景选用明星代言视频循环播放，通过塑造酱香酒大师人设、请代言明星进行信用背书，以及超乎想象的折扣优惠，刺激消费者下单购买产品，如图 9-14 所示。

远明酱酒品牌直播卖货的目的非常明确，就是为了提升销量。仔细研究远明酱酒的直播间，可以发现该品牌直播卖货的 4 个特点，如图 9-15 所示。

图9-14 远明酱酒品牌的抖音直播间

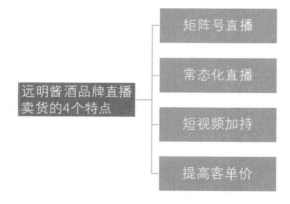

图9-15 远明酱酒品牌直播卖货的4个特点

1. 矩阵号直播

远明酱酒在抖音平台上拥有多个蓝V账号,包括远明白酒旗舰店、远明酱酒官方账号、远明官方旗舰店、远明酒业等,如图9-16所示。该品牌平时会同时在这些蓝V账号中进行直播卖货,每个直播间所卖的产品和场景布置都是一致的,这就是所谓的矩阵运营法。

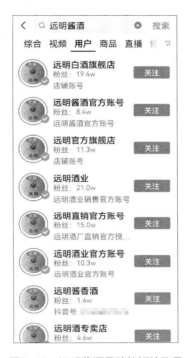

图9-16 远明酱酒品牌的矩阵账号

2. 常态化直播

远明酱酒的这些账号每天都会直播，而且每个账号每天直播时长几乎都在10个小时以上，可以说完全覆盖了各个层级流量时间段。这种常态化、长时间直播，很好地强化了远明酱酒在消费者心中的信任感。

3. 短视频加持

远明酱酒不断地通过短视频内容进行加持，以强化品牌的影响力和产品的表现力。远明酱酒的短视频内容非常丰富，涉及企业酿酒、企业实力、品质介绍、创始人介绍、饮酒知识、白酒故事、明星推广等方面。而且远明酱酒每个抖音账号的内容方向都有一定差异。例如，下面两个抖音账号，一个是远明白酒旗舰店账号，主要以明星IP影视作品混剪的方式推广远明酱酒，如图9-17所示；另一个是远明官方旗舰店账号，以分享下酒菜内容为主，如图9-18所示。

图9-17 远明白酒旗舰店账号的内容　　图9-18 远明官方旗舰店账号的内容

4. 提高客单价

远明酱酒的产品价格并不高,其畅销产品的定价在白酒中属于中低档。那么,远明酱酒是如何卖出高客单价的呢?第一,品牌采用的是"拍一发多"的方式进行销售;第二,品牌采用的是整箱售卖的方式进行销售。

例如,直播间中"远明酱酒 金质封坛十五"这款产品就是整箱销售的(1箱6瓶),且拍1箱发3箱,最终折合下来单瓶酒的价格约为132.67元。另外,购买这款产品还有赠品,这么大的优惠力度,很难不激发消费者的购买欲望,如图9-19所示。

远明酱酒这样做既保证了较高的客单价,又确保产品价格不会过高,让消费者消费不起。不过这样的优惠活动,也需要过硬的产品品质支撑。

图9-19 远明酱酒的产品销售策略